Deutsch
lernen für den Beruf
Arbeitsbuch

Monika Fingerhut

VERLAG FÜR DEUTSCH

Materialien „Deutsch für den Beruf"

Deutsch lernen für den Beruf
Lehr- und Arbeitsbuch   264 Seiten   ISBN 3-88532-354-0
1 Audiokassette   75 Min. Laufzeit   ISBN 3-88532-355-9

Training Deutsch für den Beruf   176 Seiten   ISBN 3-88532-914-X
2 Audiokassetten   110 Min. Laufzeit   ISBN 3-88532-915-8

Gesprächstraining Deutsch für den Beruf   96 Seiten   ISBN 3-88532-359-1

Telefonieren im Beruf
Buch   112 Seiten   ISBN 3-88532-356-7
2 Audiokassetten   115 Min. Laufzeit   ISBN 3-88532-357-5
2 Audio-CDs   115 Min. Laufzeit   ISBN 3-88532-358-3

5.   4.   3.   2.   1. | Die letzten Ziffern
2002 2001 2000 | bezeichnen Jahr und Zahl des Druckes
Alle Drucke dieser Auflage können, da unverändert,
nebeneinander benutzt werden.

1. Auflage
© 2000 VERLAG FÜR DEUTSCH
Max-Hueber-Str. 8, D-85737 Ismaning
Umschlagentwurf: Christiane Gerstung, München
Druck und Bindearbeiten: Druckerei Auer, Donauwörth
Printed in Germany
ISBN 3-88532-363-X

Hier finden Sie alle Übungen und Aufgaben aufgelistet. Die Kapitelüberschriften geben den groben Zusammenhang an; die Unterüberschriften die jeweiligen Themenfelder. Die Übungen und Aufgaben in den einzelnen Kapiteln sind durchnummeriert. In der zweiten Spalte finden Sie eine kurze Beschreibung der Übung. Die Lösungen stehen im Lösungsschlüssel am Ende des Buches.

Es empfiehlt sich, beim Üben folgende Punkte zu beachten: Lesen Sie die Aufgabenstellung immer genau. Machen Sie die Aufgabe erst, wenn Sie genau wissen, was zu tun ist. Vergleichen Sie Ihre Lösungen dann mit dem Lösungsschlüssel.

Machen Sie nicht zu viele Übungen auf einmal. Verteilen Sie ein größeres Pensum lieber auf einen ganzen Tag und arbeiten Sie nicht alles an einem Stück durch. Nach jedem Arbeitsabschnitt kann sich das Geübte und Wiederholte noch einmal setzen. Haben Sie sehr viele Fehler in einer Übung, dann machen Sie die Übung nach einigen Tagen noch einmal. Wenn Sie nicht wissen, warum Ihre Lösungen falsch sind, dann fragen Sie Ihren Kursleiter / Ihre Kursleiterin. Und nun viel Spaß.

I.
Arbeit und Beruf

I.
Arbeit und Beruf

Die Arbeitswelt

*Wortfamilie **arbeiten***

1. a. **Ergänzen Sie die Wortfamilie und erklären Sie die Bedeutung der gefundenen Begriffe. Benutzen Sie dazu gegebenenfalls ein Wörterbuch.**

arbeits*fähig*	*die Zeit*arbeit
arbeits_____	_____arbeit
arbeits_____	_____arbeit
arbeits_____	_____arbeit
arbeits_____	_____arbeit
	_____arbeit

b. **Setzen Sie die passende Vorsilbe in die folgenden Sätze ein.**

weiter-, be-, ab-, nach-, durch-, aus-, ver- oder *vor*arbeiten

1. Die Sekretärin möchte heute etwas _____arbeiten, damit sie den nächsten Tag frei nehmen kann.
2. Kürschner gestalten und _____arbeiten Felle zu Mänteln.
3. Nach der Mittagspause können wir _____arbeiten.
4. Aufgrund seiner Fehlzeiten muss er einiges _____arbeiten.
5. Das Holz muss noch _____arbeitet werden, bevor es in den Handel kommt.
6. Der Angestellte soll die Unterlagen bis zum nächsten Tag _____arbeiten.
7. Für die nächste Werbekampagne will die Werbeleiterin einen Plan _____arbeiten.
8. Der Finanzbeamte muss noch Berge von Anträgen _____ arbeiten.

c. **Ergänzen Sie die Wortfamilie und klären Sie die Bedeutung der Begriffe.**

die Arbeitswoche

_____ Arbeit(s)_____	_____ Arbeit(s)_____	_____ Arbeit(s)_____
_____ Arbeit(s)_____	_____ Arbeit(s)_____	_____ Arbeit(s)_____
_____ Arbeit(s)_____		

2. **Ordnen Sie den Begriffen die richtigen Definitionen zu.**

1.	Schwarzarbeit	a.	Stunden, in denen über die festgesetzte Arbeitszeit hinaus gearbeitet wird
2.	Sozialleistungen	b.	Arbeitspause um die Mittagszeit
3.	Kurzarbeit	c.	ein illegales Arbeitsverhältnis, das nicht den gesetzlichen Vorschriften entspricht
4.	Lohn / Gehalt	d.	tariflich geregelte oder freiwillige Sonderleistungen des Unternehmens
5.	Überstunden	e.	Entgelt für geleistete Arbeit, die Bezahlung, die einem Arbeitnehmer (Arbeiter / Angestellten) für einen bestimmten Zeitraum zusteht
6.	Mittagspause	f.	Kürzung der betrieblichen Arbeitszeit und des Arbeitsentgeltes

3. **Vergleichen Sie Ihre berufliche Situation und die beruflichen Anforderungen in Deutschland mit den Anforderungen in Ihrem Herkunftsland.**
   Setzen Sie das passende Adjektiv im Komparativ ein.

gut / schlecht   *häufig / selten*
schnell / langsam   *hoch / niedrig*
lang / kurz   *viel / wenig*

a. In Deutschland ist das Arbeitstempo _____ als in _____.

b. In Deutschland gibt es _____ Überstunden als in _____.

c. In Deutschland ist der Lohn / das Gehalt _____ als in _____.

d. In Deutschland gibt es _____ Fort- und Weiterbildung als in _____.

e. In Deutschland sind die beruflichen Anforderungen _____ als in _____.

f. In Deutschland gibt es _____ Urlaubstage als in _____.

g. In Deutschland ist die Arbeitslosigkeit _____ als in _____.

h. In Deutschland ist die Wochenarbeitszeit _____ als in _____.

i. In Deutschland ist die Mittagspause _____ als in _____.

j. In Deutschland ist Kurzarbeit _____ als in _____.

k. In Deutschland gibt es _____ Schwarzarbeit als in _____.

l. In Deutschland sind die Sozialleistungen _____ als in _____.

4. Notieren Sie sich stichwortartig, was Ihnen zum Begriff Arbeit einfällt.

Arbeit

5. a. Mit welchen Empfindungen verbinden sich Ihre Ideen aus Übung 4? Tragen Sie sie in die folgende Tabelle ein.

ich sehe	ich rieche	ich schmecke	ich höre	ich fühle

   b. Lesen Sie das Gedicht. Können Sie auch so ein „Arbeitsgedicht" verfassen? Verwenden Sie dazu Ihre Notizen aus oben stehender Tabelle.

Schwarze Buchstaben auf weißem Papier
Opti fluid schnelltrocknend
dazu abgestandener Kaffee
Schritt für Schritt das Klacken der Flurtür
Immer wieder fliege ich sehnsüchtig
über die Weltkarte an der Wand.
Das ist Arbeit.

6. a. Lesen Sie den Text „Mini-Umfrage".

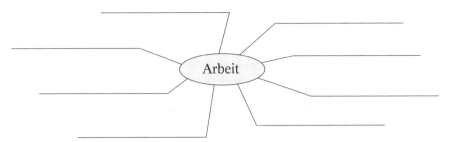

Freude an der Arbeit?

Eine Umfrage bestätigte einen lange gehegten Verdacht: Nur knapp
ein Drittel aller Berufstätigen hat noch Spaß am Brötchenverdienen,
für den Rest fängt das eigentliche Leben erst nach Feierabend an.
Geht es Ihnen auch so?

Wolfgang Stein, Modellschreiner
Ich bin gerade von der Fachhochschule abgegangen und ich muss sagen:
Das Studium war schöner. Gegenwärtig arbeite ich in einer Bauschreinerei,
in der man sehr stark gefordert wird. Die Arbeit dort empfinde ich als
reinen Brotberuf.

Gisela Opitz, kaufm. Angestellte

Ich habe viele Jahre in der Werbebranche gearbeitet und dort viel Stress und Überanstrengung, aber auch Freude an der Arbeit erlebt. Ich hatte einen Posten, wo man für alle da sein musste. Manchmal war es mir zu viel, aber es ist auch schön, aufs Äußerste gefordert zu sein.

Dieter Schonnop, Disponent

Für mich fängt das Leben erst mit dem Feierabend an, wenn ich den Stress hinter mir lassen kann, der im letzten Jahr enorm zugenommen hat. Trotz allem ist mir auch diese Arbeitszeit wichtig, denn sie bedeutet einen inneren Wachstumsprozess.

Paolo Piacenza, Goldschmied

Ich habe mich für meinen Beruf aus Veranlagung und Spaß an der Sache entschieden. Nach meiner Lehrzeit bin ich aber sofort arbeitslos geworden. Das hat mich sehr enttäuscht, denn die Arbeit bedeutet für mich keinen Stress, sondern Freude.

Edith Zimmermann, Briefträgerin

Schon als Kind habe ich Spaß am Arbeiten gehabt. Ich habe meinen Beruf noch nie bereut. Im Laufe der Jahrzehnte haben sich wunderschöne Kontakte entwickelt – manchmal bin ich sogar zu Hochzeiten und Taufen meiner Postempfänger eingeladen. Mein Beruf gefällt mir sehr gut.

Andrea Meszner, pharmazeut. Angestellte

Meine jetzige Arbeit macht manchmal Spaß, auch wenn ich eigentlich etwas anderes werden wollte. Die Freude an der Arbeit hängt vom Betriebsklima und von der täglichen Arbeitszeit ab. Ich bin oft erst nach zwölf Stunden wieder daheim. Das ist für mich sehr viel.

Michaela Schötz, Studentin

Ich studiere noch und will Ingenieurin der Holztechnik werden. Das Fach macht mir Spaß. Ich habe auch schon das Berufsleben kennen gelernt und festgestellt, dass es sehr auf die Atmosphäre ankommt. Wenn Betriebe reformiert werden, kann das zu neuem Elan führen.

Theo Warncke, Koch

Ich habe mir meinen Beruf selbst gewählt und bin selbstständig. Die Arbeit kann nur dann Spaß machen, wenn sie einem liegt. Stress und Erschöpfung gehören auch dazu, aber das sind nur Begleiterscheinungen des Erfolgs.

b. Wer antwortet was?

- Im Gegensatz zu meiner Arbeit war das Studium angenehmer. _____
- Vielen Betrieben würde eine Reformierung gut tun. _____
- Freude an der Arbeit hat der, der Talent und Spaß dafür mitbringt. _____
- Wenn man richtig gefordert wird, kann die Arbeit auch Spaß machen. _____
- Stress und Anstrengung gehören zum beruflichen Erfolg dazu. _____
- Die Arbeit gefällt mir, weil ich durch sie mit vielen Menschen in Berührung komme. _____
- Wenn das Klima im Betrieb und die Arbeitszeiten stimmen, macht auch das Arbeiten Spaß. _____
- Trotz der Überforderung heutzutage kann die Arbeit aber auch dazu beitragen, dass man sich weiterentwickelt. _____

c. Und wie ist das bei Ihnen? Haben Sie Spaß an der Arbeit?

7. **Was gehört alles zu den Sozialleistungen, die Unternehmen ihren Angestellten bieten? Kreuzen Sie an.**

▦ Urlaubsreisen
▦ verbilligter Bezug von Waren
▦ Privat-Zweitwagen
▦ Haushaltshilfe
▦ Gewährung zinsgünstiger Kredite
▦ Privatfriseur
▦ Kapitalbeteiligung durch Belegschaftsaktien
▦ Haustier
▦ Theater-Jahresabonnement
▦ Sonderzahlungen (Weihnachts-, Urlaubsgeld)
▦ Alters-, Invaliden- und Hinterbliebenenversorgung

8. a. **Welche Argumente sprechen Ihrer Meinung nach für bzw. gegen Teilzeitarbeit. Sammeln Sie. Lesen Sie dann den folgenden Text.**

**Teilzeitarbeit –
Was bringt sie Arbeitgebern und Arbeitnehmern?**

Klar ist: Wer weniger arbeitet bekommt auch entsprechend weniger Lohn oder Gehalt. Allerdings sollte man die finanziellen Einbußen nicht überschätzen. Betriebliche Sozialleistungen werden beispielsweise unabhängig von der geleiste-
5 ten Arbeitszeit in voller Höhe gewährt, wie etwa verbilligter Firmeneinkauf, Fahrgeld oder Essenszuschuss. Positiv wirkt sich die Teilzeitarbeit auch auf die Steuerprogression aus, wonach ab einer bestimmten Grenze jede zusätzlich verdiente Mark höher besteuert wird. Das Nettoeinkommen verringert
10 sich dadurch deutlich weniger als das Bruttoeinkommen. Das niedrigere Einkommen hat allerdings unmittelbare Auswirkungen auf die Höhe der späteren Rente und auf die des eventuell einmal in Anspruch zu nehmenden Arbeitslosengeldes, weil den geringeren Beiträgen entsprechend verminderte Leistungen
15 gegenüberstehen.
   Die Vorteile für Arbeitnehmerinnen und Arbeitnehmer lassen sich nicht immer in Mark und Pfennig berechnen. Die höhere Lebensqualität durch ein Mehr an Zeit ist hier ein Beispiel. Tatsächlich können Teilzeitbeschäftigte aber auch Kosten im
20 Privatleben einsparen, wenn sie die gewonnene Zeit dafür nutzen, ihre Kinder oder pflegebedürftige Angehörige selbst zu betreuen. So können die Kosten von privaten Kindertagesstätten oder Pflegeheimen reduziert oder eingespart werden. Auch für ,Häuslebauer' kann vorübergehende Teilzeitarbeit interes-
25 sant sein, um durch Selbstleistungen Handwerkerkosten einzusparen. Außerdem gibt es ja noch die Möglichkeit, in der gewonnenen Zeit einer Nebenbeschäftigung nachzugehen, durch die der Einkommensverlust gemindert, ausgeglichen oder gar überkompensiert werden kann.

30 Vor- und Nachteile für den Arbeitgeber hängen von der individuellen Situation des Betriebes und der Form der Teilzeitbe-
schäftigung ab. Eindeutige Vorteile bietet die Teilzeitarbeit bei
kurz- oder mittelfristigen Schwankungen des Arbeitsanfalls,
unabhängig von Branche und Betriebsgröße. Der Unternehmer
35 kann flexibler auf die jeweilige Situation reagieren, ohne mit
höheren ‚Flexibilitätskosten' (Überstundenzuschlag) rechnen zu
müssen. Überhaupt haben Untersuchungen immer wieder eine
höhere Stundenleistung von Teilzeitkräften gegenüber Vollzeit-
beschäftigten bei zugleich besserer Arbeitsqualität (geringere
40 Ausschussquote, weniger Nachtarbeit) belegt. Ein weiterer häufig zu beobachtender Vorteil liegt darin, dass Teilzeitbeschäftigte deutlich niedrigere Fehlquoten aufweisen. Dies kommt einer-
seits daher, dass der Arbeitnehmer nicht mehr so stark belastet
wird, betrifft aber auch die so genannten ‚Kurzfehlzeiten'. Arzt-
45 besuche oder Behördengänge müssen von Teilzeitkräften in die
arbeitsfreie Zeit gelegt werden. Nicht unterschätzt werden sollte
auch, dass eine passende Arbeitszeitregelung die Arbeitsmotivation erhöht.

In eine Kosten-Nutzen-Bilanz des Arbeitgebers gehören aber
50 auch die höheren Anlauf- und Rüstzeiten, die sich gegenüber
der Produktivität von Vollbeschäftigten nachteilig auswirken
können. Teilen sich zwei Arbeitskräfte eine Stelle, beansprucht
zum Beispiel die gegenseitige Information ebenso eine gewisse
Zeit.

55 Möglich ist auch, dass höhere Infrastrukturkosten entstehen,
wenn der Unternehmer infolge von Arbeitsplatzteilung und zu-
nehmender Belegschaftsgröße mehr Parkplätze bereitstellt oder
eine größere Kantinenkapazität einplanen muss. Bei den Personalnebenkosten können sich durch die Aufteilung von Vollar-
60 beitsplätzen Steigerungen ergeben, wenn bestimmte betriebliche
(Sozial-)Leistungen nicht anteilig, sondern kopfbezogen, also
unabhängig von der vertraglichen Arbeitszeit, gezahlt werden
(Beihilfen oder verbilligter Firmeneinkauf).

Als größter Einwand gegen die Einführung von Teilzeitarbeit
65 wird oft der gegenüber Vollzeitarbeit höhere Aufwand für Einarbeitung und Fortbildung angeführt. Bei der Arbeitsplatzteilung
(Job-Sharing) muss nämlich nicht nur ein Mitarbeiter für die
Arbeitsaufgabe qualifiziert und auf diesem Ausbildungsniveau
gehalten werden, sondern gleich zwei.

**b. Notieren Sie die Vorteile und Nachteile von Teilzeitarbeit,
die im Text angesprochen werden. Vergleichen Sie Ihre
Argumente mit denen im Text.**

Arbeitnehmer   **Arbeitgeber**
Pro   *Pro*

Arbeitnehmer	Arbeitgeber
Kontra	*Kontra*
_____	_____
_____	_____
_____	_____
_____	_____
_____	_____
_____	_____
_____	_____

Nebentätigkeit

Jobs am Feierabend

Zwar liegen die Deutschen in dieser Statistik, was die Erwerbstätigkeit in einem Zweitjob anbelangt, noch weit hinten, doch dürfte der Trend zum Feierabend-Job inzwischen stark zugenommen haben.

Der Trend zum Zweit-Job

Von je 1 000 Erwerbstätigen gehen
mehr als einer Beschäftigung nach in

Schweden	83
Dänemark	57
Portugal	56
Österreich	52
Finnland	50
Großbritannien	50
Niederlande	49
Griechenland	37
Frankreich	34
27	Deutschland
26	Belgien
15	Spanien
13	Italien

Stand 1995

© Globus 3939

9. **Welche Arten von Nebentätigkeiten sind Ihnen bekannt? Nennen Sie auch Beispiele aus Ihrem Heimatland.**

_____
_____
_____
_____

10. Setzen Sie das richtige Wort (a, b oder c) in die Lücken (1–8) ein.

Interessante Nebentätigkeit: Brennholz-Beschaffer

Immer mehr Menschen möchten in ihrem Heim mit Kaminen und Kachelöfen für behagliche Wärme sorgen.

Das hierzu benötigte Brennholz ist vor allem für Städter nicht leicht zu _____ (1). Geschäfte, die außer Öl und Kohle auch Brennholz verkaufen, sind äußerst _____ (2).

Wem es gelingt, die Kunden mit Kaminholz zu _____ (3), steht geschäftlich nicht _____ (4) da. Von zu Hause aus lässt sich diese Dienstleistung nebenberuflich als Agenturgeschäft _____ (5).

Sie brauchen hierfür gute Kontakte zu Forstverwaltern, Waldbauern und Landwirtschaftsbetrieben. Da diese das Kaminholz an die von Ihnen vermittelten Kunden direkt anliefern, _____ (6) Sie weder Lagerraum noch Lieferwagen. Telefon und Faxgerät, gegebenenfalls auch Computer dürften als Hilfsmittel _____ (7). Mit ein wenig Wissen über Holzarten und deren Brennweise sowie über Kamintechnik und Umweltvorschriften sind Sie für diese Nebentätigkeit _____ (8) gerüstet.

1.	a. schaffen	b. beschaffen	c. erschaffen
2.	a. wenig	b. selten	c. mager
3.	a. besorgen	b. entsorgen	c. versorgen
4.	a. schlecht	b. gering	c. wenig
5.	a. betreiben	b. vertreiben	c. treiben
6.	a. benoten	b. nötigen	c. benötigen
7.	a. erreichen	b. einreichen	c. ausreichen
8.	a. positiv	b. gut	c. erfreulich

11. Formulieren Sie die Nominalisierungen – wie im Beispiel – in Nebensätze um.

Telearbeit: Ja oder Nein?

Günstige Rahmenbedingungen für Telearbeit sind u. a. gegeben, *wenn auf eine permanente, persönliche Präsenz am Arbeitsplatz verzichtet werden kann.*
(Verzicht auf permanente, persönliche Präsenz am Arbeitsplatz)

wenn _____
(Erledigung der Aufgaben ohne ständigen Rückgriff auf schriftliche Unterlagen)

wenn _____
(selbstständiges Arbeiten)

wenn _____
(Bereitstellung der erforderlichen technischen Einrichtung in der Privatwohnung)

wenn _____
(problemlose Erteilung der Arbeitsaufträge und Austausch der Arbeitsergebnisse)

wenn _____
(Einbindung des Mitarbeiters ins Team)

In Deutschland gibt es seit über hundert Jahren das System der sozialen Sicherheit.

In einem legalen Arbeitsverhältnis ist jeder Arbeitnehmer durch die Sozialversicherung gesetzlich pflichtversichert.

Diese Pflichtversicherung soll den Arbeitnehmer vor Schäden aller Art und Einkommenseinbußen schützen.

12. a.   Kreuzen Sie bitte an. Zur Sozialversicherung gehören:

- ▩   Rentenversicherung
- ▩   Hausratversicherung
- ▩   gesetzliche Krankenversicherung
- ▩   Arbeitslosenversicherung
- ▩   Kfz-Versicherung
- ▩   Pflegeversicherung
- ▩   Brandschutzversicherung
- ▩   Reiserücktrittsversicherung

b.   Die Arbeitsbedingungen und die Bezahlung von Arbeitnehmern sind in Deutschland auf verschiedenen Ebenen festgelegt.
Setzen Sie bitte ein:

Die Tarifpartner auf der regionalen Ebene sind: _____ und _____.

Die Vertretung der Arbeitnehmer in einem Betrieb mit mehr als 5 Mitarbeitern heißt _____.

Die Wahlen für diese Vertretung finden alle _____ Jahre statt.

Diese Vertretung überwacht die sozialen Interessen der Arbeitnehmer innerhalb eines Betriebes, d.h. die Einhaltung von _____, _____, _____ und _____.

Diese Vertretung schließt mit der Unternehmensleitung auf die konkreten Bedingungen des Betriebes bezogene _____ ab.

Die Geschäftsleitung und der Betriebsrat haben sich für die Arbeit am Bildschirm auf eine Reihe von Grundsätzen geeinigt.

13. Setzen Sie das richtige Verb im Imperativ ein.

_____ Sie einen Bildschirm, der groß genug ist.
benötigen ◆ *benutzen* ◆ *arbeiten*

_____ Sie darauf, dass der Bildschirm in der richtigen Entfernung zu den Augen steht.
achten ◆ *prüfen* ◆ *kontrollieren*

_____ Sie eine ergonomische Körperhaltung ein.
legen ◆ *geben* ◆ *nehmen*

_____ Sie einen verstellbaren und ausreichend großen Arbeitstisch.
verbrauchen ◆ *verwenden* ◆ *veranlassen*

_____ Sie nach jeder Stunde Bildschirmarbeit 5–10 Minuten Pause.
erledigen ◆ *machen* ◆ *gebrauchen*

_____ Sie sich mit Lockerungsübungen.
verspannen ◆ *entspannen* ◆ *unterbrechen*

_____ Sie an Ihrem Arbeitsplatz Bildschirmarbeit und andere Tätigkeiten ab.
wechseln ◆ *geben* ◆ *nehmen*

_____ Sie einen Arzt auf, wenn Sie Beschwerden haben.
suchen ◆ *nehmen* ◆ *finden*

FOCUS-FRAGE
„Welches Sommer-Outfit
halten Sie im Büro für akzeptabel?"
Nabelschau am Arbeitsplatz

von 500 Befragten* dulden

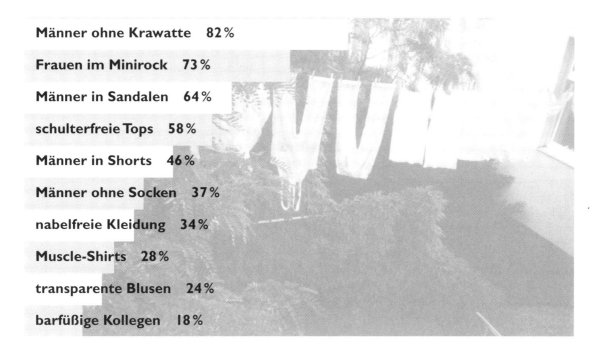

Männer ohne Krawatte   82 %

Frauen im Minirock   73 %

Männer in Sandalen   64 %

schulterfreie Tops   58 %

Männer in Shorts   46 %

Männer ohne Socken   37 %

nabelfreie Kleidung   34 %

Muscle-Shirts   28 %

transparente Blusen   24 %

barfüßige Kollegen   18 %

Nur 26 % der Frauen halten den freien Nabel passend fürs Büro, von
den Männern immerhin 44 %.

* Repräsentative Umfrage von INRA für FOCUS

14. **Lesen Sie die Umfrage und setzen Sie dann das passende Verb in
    die folgenden Sätze ein.**

    dulden   tolerieren   erklärten sich einverstanden
    *   hätten nichts gegen   halten für akzeptabel   akzeptieren*

    – 34 % der Befragten _____ nabelfreie Kleidung
      für _____.
    – Von den 500 Befragten _____ die wenigsten
      barfüßige Kollegen.
    – Die Mehrheit _____ Männer ohne Krawatte.
    – Die Umfrage ergab, dass 24 % der Befragten _____
      transparente Blusen _____.
    – 58 % _____ mit schulterfreien Tops _____.
    – Muscle-Shirts würden nur 28 % der Befragten _____.

15. Ordnen Sie die folgenden Berufe in die Tabelle ein.
Gibt es Unterschiede zu Ihrem Heimatland? Diskutieren Sie,
wenn möglich, auch mit Ihrem Lernpartner / Ihrer Lernpartnerin
darüber.

Uniform bzw. Kleiderordnung am Arbeitsplatz?

Koch ◆ Förster ◆ Taxifahrerin ◆ Sozialarbeiter ◆ Richterin ◆
Bibliothekar ◆ Verkehrspolizistin ◆ Lehrer ◆ Journalistin ◆
Krankenschwester ◆ Bäcker ◆ Bankkaufmann ◆ Grafikerin ◆
Psychologe

mit Uniform bzw. Kleiderordnung	ohne Uniform bzw. Kleiderordnung

Karriere

Reine Formsache
Eine Frau, die etwas erreichen will, muss sich bedeckt halten.
Das, und noch viel mehr, lernen Managerinnen in Outfit-Seminaren.

Nach drei Stunden stellt Seminarleiterin Elke Dellmuth die Frauenfrage.
„Wenn Sie als Frau Karriere machen wollen, müssen Sie vor allem eines
wissen: Sind Sie eine Eieruhr, ein Trapez, ein Kasten oder ein Ei?"
Wer sich diese Frage nicht schonungslos beantwortet, dem wird der
5   Weg nach oben für immer verschlossen bleiben. Denn – Hand aufs Herz
– welcher Chef, welcher Untergebene nimmt eine Eieruhr ernst, die sich
als Kasten verkleidet?
Das leuchtet den sechs Geschäftsfrauen ein, die zur Outfit-Beratung
ins Berliner Bildungswerk der Wirtschaft gekommen sind. Seufzend
10   streifen sie ihre vorteilhaft geschnittenen Blazer ab, schlüpfen aus den
hohen Pumps und lassen ihre wahren Körperformen auf Packpapier
malen. Danach werden sie vermessen. Merke: Nur wer seine Stärken
und Schwächen, Dicken und Dünnen, Längen und Breiten kennt, kann
sich karrierekompatibel kleiden, sagt die Seminarleiterin. Erfolg, so ihr
15   Credo, ist letztendlich reine Formsache.
Petra Keddi beispielsweise hält sich für einen dicken Klops. In Wahr-
heit aber, so die Messergebnisse, hat sie eher eine kastenförmige Figur.
Und die kann sie brauchen, denn die ungeschminkte 35-Jährige mit
Bürstenschnitt und Lodenanzug befehligt 130 Bedienstete einer Reini-
20   gungsfirma. Da sind Samthandschuhe fehl am Platz, doch Keddis Vater
und Chef sieht das anders. „Der hat mir den Kurs geschenkt, damit ich
besser in diese Gesellschaft von Führungsleuten hineinpasse", sagt die
Frau und lacht.
Auch Claudia Muß, Personalchefin einer großen Papierwarenkette,
25   wurde von ihrem Boss geschickt. Dem war der Schreck in alle Glieder
gefahren, als die temperamentvolle Blondine eines Tages mit wehendem
Pelzmantel über giftgrünem Kostüm ins Büro rauschte. „Erst musste
ich mir die Haare zum Zopf binden, nun soll ich mich konservativer

kleiden", sagt sie und jammert, „dabei bin ich doch erst 30."

30 Christa Postler, 48, Verwaltungschefin einer Bank, kam auf Wunsch
ihrer Personalchefin, die „den Geschmack erfunden" hat. Die anderen
drei Frauen sind freiwillig erschienen: eine Ärztin, eine Sozialarbeiterin,
eine Schulleiterin. Alle sechs sind auf der Suche nach der individuellen
Passform: die Klamotte, die zur Seele passt und den Aufstieg erleichtert.

35 Für Frauen nämlich ist das Geschäftsleben voller textiler Fallgruben.
Während bei Männern die Kleiderordnung am dunklen Anzug festgena-
gelt ist, bleiben Frauen etliche Möglichkeiten, sich Blößen zu geben.
„Es gibt viel zu viel Haut im Berufsleben", zürnt Elke Dellmuth. „Wer
soll eine Frau mit nackten Achselhöhlen schon ernst nehmen?" Nie-
40 mand natürlich, und deshalb merke: Je mehr Haut, desto weniger Auto-
rität.

Die Frau, die etwas erreichen will, muss sich bedeckt halten, und deshalb ist die Feinstrumpfhose Pflicht bei jeder Temperatur. Ein nacktes
Bein, egal wie schön, hat nichts verloren am Arbeitsplatz und Nylons
45 wirken so segensreich wie das ebenfalls obligatorische Make-up. Beides
schmirgelt Unreinheiten weg, übertüncht Müdigkeit, Falten und Dellen.

340 Mark muss jede gepuderte Teilnehmernase für diese Weisheiten
zahlen, doch dafür werden Geheimnisse enthüllt, die wie zusätzliche
Streben auf der Karriereleiter wirken. Etwa das völlig unterschätzte Pro-
50 blem des „aufgehellten Endhaars in der Wimper". Eine wahrlich hässli-
che Karrierebremse, die jedoch durch aggressives Vollwimperntuschen
kaschiert werden kann.

Ungeheure Gefahren lauern auch in Farben und Mustern, was schon
daran zu erkennen ist, dass Männer nur selten in gelb-grün gestreiften
55 Anzügen auftreten.

Farben haben Fähigkeiten, sagt Dellmuth. Schwarz, Grau und Blau
sind kompetent, deswegen tarnen sich viele Männer damit. Grün und
Braun ist akzeptabel. Rosa gilt als feminin, aber wenig selbstbewusst –
ein harter Schlag für die Personalchefin, die im altrosa Anzug erschie-
60 nen ist. Dellmuth tröstet: „Für Teamwork ist freundliches Rosa perfekt,
für Beförderungen aber ungeeignet."

Die Farben Gelb und Orange sind klare Zeichen von Flatterhaftigkeit
und erhalten im Geschäftsleben die rote Karte. Was auch gefährlich ist:
Die Farbe Rot drückt Aggression und Macht aus, macht Vorgesetzten
65 beim Bewerbungsgespräch Angst und ist deshalb zu vermeiden.

Trägt eine Frau Rot in einem Meeting, werden alle sie anstarren,
sie muss sprechen. Steckt sie in einem engen Minirock, starren auch
alle, allerdings erwartet in diesem Fall keiner einen Beitrag von ihr.
Das männliche Personal beschäftigt sich mit Lendenwallungen, das
70 weibliche schneidet sie beleidigt. Das perfekte Outfit also für Unvorbe-
reitete, das jedoch sehr sparsam dosiert werden muss. Unausrottbar
scheint das Gerücht, dass Rocklänge mit Hirnfülle korrespondiert.

Ist die weibliche Führungskraft gut vorbereitet, so soll sie auf eng
sitzende Röcke und tiefe Ausschnitte dringend verzichten. Schlimme
75 Erfahrungsberichte von Präsentationen lehren, mit welch mannigfal-
tigen Tricks männliche Zuhörer die Vortragende zum Bücken bewegen.
„Alle Mühe ist umsonst, wenn Sie zu aufreizend wirken", warnt Dellmuth.

Die Karriere, das ist nun allen Teilnehmerinnen klar, muss allseitig
80 geplant sein. Zur kompetenten Form gehört neben dem Make-up
die richtige Farbe, der passende Schnitt, der stimmige Stil. Das, sagt
Beraterin Dellmuth, ist für eine Karriere in der freien Wirtschaft
unabdingbar. Wer das partout nicht will, dem bleibt nur die Politik:
ein Freigehege für modische Grotesken der schlimmsten Art.

16. Lesen Sie den Text „Karriere – Reine Formsache". Stimmen die folgenden Aussagen mit denen des Textes überein? Markieren Sie die richtige Lösung.

	Ja	Nein
1. Wer sich seiner Figur bewusst ist und sich entsprechend kleidet, hat karrieremäßig eher Erfolg.	▦	▦
2. Je stärker man durch seine Kleidung auffällt, desto eher ist man in der Gesellschaft von Führungskräften angesehen.	▦	▦
3. Durch die festgelegte Kleiderordnung bleibt Frauen eine unpassende Garderobe erspart.		
4. Wer zu viel Haut zeigt, mindert seine Karrierechancen.	▦	▦
5. Sitz und die Passform sind entscheidend. Die Farben spielen dabei keine Rolle.	▦	▦
6. Zu Vorstellungsterminen sollte man es vermeiden, in roter Kleidung zu erscheinen.	▦	▦
7. Je verführerischer sich die Frau kleidet, desto eher wird sie als Führungskraft anerkannt.	▦	▦
8. Wer sich im Wirtschaftsleben nicht an bestimmte Outfitregeln halten möchte, der sollte sein Glück lieber in der Politik versuchen.	▦	▦

17. Ordnen Sie den folgenden Berufen die jeweils typische(n) Tätigkeit(en) zu und bilden Sie sinnvolle Sätze.

	bedienen	gestalten	verarbeiten	betreuen	verwalten	messen	produzieren	montieren
Buchhändler								
Textillaborant								
Hebamme								
Bibliothekar								
Restaurator								
Logopäde								
Steinmetz								
Werkstoffprüfer								
Tankwart								
Schauspieler								
Klempner								
Tischler								
Verkäufer								
Winzer								
Physiklaborant								
Bildhauer								
Uhrmacher								
Sozialversicherungsfachangestellter								
Goldschmied								
Drogist								
Krankenschwester								
Maskenbildner								
Justizangestellter								
Landwirt								
Kraftfahrzeugmechaniker								
Gärtner								
Konstruktionsmechaniker								

18. **Wer arbeitet in welcher Branche bzw. in welchem Bereich?**
    Ordnen Sie zu.

Lebensmitteltechniker ◆ *Dipl.-Chemikerin* ◆ *Dipl.-Kaufmann* ◆
Flugbegleiterin ◆ *Mode-Designer* ◆ *Kraftfahrzeugelektriker* ◆
Dipl.-Ingenieur ◆ *Maschinenbau* ◆ *Werbekaufmann*

Nahrungsmittelindustrie: _____

Handel und Verkauf: _____

Banken und Verkauf: _____

Maschinen- und Anlagenbau: _____

Verkehr und Kommunikation: _____

Textil- und Bekleidungsindustrie: _____

Pharmaindustrie: _____

Automobil- und Kraftfahrzeugbau: _____

19. **Lehre oder Studium? Kreuzen Sie die richtige Antwort an.**

	Lehre	Studium
Arzt	▓	▓
Industriemechaniker	▓	▓
Klempner	▓	▓
Architektin	▓	▓
Augenoptiker	▓	▓
Tierpflegerin	▓	▓
Psychologe	▓	▓
Sozialarbeiterin	▓	▓
Gärtner	▓	▓
Rechtsanwältin	▓	▓
Schlosser	▓	▓
Informatiker	▓	▓
Metzger	▓	▓
Kellner	▓	▓
Wirtschaftsingenieurin	▓	▓

20. **Ordnen Sie den Berufen die passenden Begriffe zu.**

Friseur / Friseuse: _____

_____

Bankkauffrau / -kaufmann: _____

_____

Automechaniker/in: _____

_____

Messgerät ◆ *Finanzierung* ◆ *Verkehrssicherheit* ◆ *Kapitalanlagen*
◆ *Reparatur* ◆ *Wertpapiere* ◆ *Devisen* ◆ *Frisur* ◆ *Rasur* ◆
Karosserie ◆ *Haarfarbe* ◆ *Dauerwelle* ◆ *Zahlungsverkehr* ◆ *Föhn*
◆ *Nagelpflege* ◆ *Kredit* ◆ *Funktionsprüfung*

Sekretär/in: _____

Programmierer/in: _____

Altenpfleger/in: _____

Medikamente ◆ Standardprogramm ◆ PC-Netzwerk ◆ EDV-Anwendung ◆ Systemtests ◆ Rehabilitation ◆ Bewegungs-übungen ◆ Büroorganisation ◆ Anwendungssysteme ◆ Multi-media ◆ Korrespondenz ◆ Protokolle ◆ Sozialstation ◆ Betreuung ◆ Pflege ◆ Aktennotizen ◆ Terminkalender ◆ Datenbankdesign ◆ Diktiergerät

21. Suchen Sie aus den folgenden Beschreibungen die Verben und Nomen heraus, die die berufliche Tätigkeit charakterisieren.

Florist/in

Floristen pflegen und versorgen Blumen und Pflanzen, stellen Blumen- und Pflanzenschmuck her. Nach eigenen Ideen oder nach den Wünschen der Kunden binden sie Sträuße, fertigen Kränze, Brautschmuck sowie Tisch- und Raumschmuck an. Dem Anlass entsprechend wählen sie Blumen und Pflanzen aus, stellen sie zusammen und verarbeiten sie mit weiteren Werkstoffen wie zum Beispiel Bändern, Kerzen, Trockenblumen, Gräsern, Seidenblumen oder Zweigen zu Sträußen und Gestecken. Sie gestalten und bepflanzen Gefäße und legen Pflanzungen für dauerhaften Raumschmuck an. Auch die Gestaltung von Schaufenstern und Verkaufsräumen gehört zu ihren Aufgaben. Floristen arbeiten in Blumenfachgeschäften. Sie beraten Kunden bei der Auswahl von Schnittblumen, Topfpflanzen, Gestecken, Sträußen und Kränzen und geben Hinweise zur Pflege von Blumen und Pflanzen, berechnen Preise, verkaufen und kassieren. Im Rahmen des Blumengeschenkdienstes nehmen sie Aufträge an, leiten sie weiter und liefern bestellte Blumen aus.

Verben:

_____

_____

_____

Nomen:

_____

_____

_____

Verkäufer/in

Sie verkaufen im Fachgeschäft, im Selbstbedienungsgeschäft, im Supermarkt oder im Warenhaus. Verkaufen, Waren anbieten, Kunden bedienen oder Kunden über Vorteile und Zweckmäßigkeit von Waren beraten sind ihre wichtigsten Tätigkeiten. Verkäufer verpacken auch die Waren, führen Lagerarbeiten durch, kassieren, ordnen und zeichnen die Waren aus.

Zunehmend an Bedeutung in diesem Beruf gewinnt die Arbeit mit Computern und anderen informationstechnischen Geräten und Systemen, zum Beispiel mit mobilen Datenerfassungsgeräten für die Bestandskontrolle und Inventur oder mit Scannerkassen, an denen die Verkaufsdaten der Artikel durch Laserstrahl abgelesen werden.

Verben:

_____

_____

_____

Nomen:

_____

_____

_____

Gärtner/in

Gärtner gehen mit Erden, Böden und Substraten um, kennen die Pflanzen mit ihren Eigenarten und Ansprüchen sowie ihre Vermehrungsmöglichkeiten und führen die jeweiligen Kultur- und Pflegemaßnahmen durch. Sie bewässern, topfen um, spritzen gegen Unkraut und Schädlinge, düngen und ernten.

Landschaftsgärtner bauen und pflegen zum Beispiel Hausgärten, Dach- und Terrassengärten, öffentliche Grünanlagen, Biotope, Friedhöfe, aber auch Spiel- und Sportanlagen. Sie säen Rasenflächen ein, pflanzen Bäume, Sträucher und Stauden und befestigen und pflastern Wege.

Gärtner in der Friedhofsgärtnerei gestalten und pflegen die Grabstätten und übrigen Friedhofsanlagen. Hier kommt es auf die richtige Flächeneinteilung und Bepflanzung an.

Verben:

_____

_____

_____

Nomen:

_____

_____

_____

Koch / Köchin

Köche verrichten alle Arbeiten, die zur Herstellung von Speisen gehören: Planung, Einkauf von Lebensmitteln und Zutaten, Vorbereitung, Lagerhaltung. Sie kennen die Rezepte für Gerichte aller Art, für Suppen, Soßen, Gebäck und Süßspeisen.

Sie stellen die Speisekarte zusammen, kochen, braten, backen und garnieren. In großen Küchen sind die Köche meist auf die Zubereitung bestimmter Speisen spezialisiert, zum Beispiel auf Soßen, Salate oder Fisch- und Fleischgerichte.

Verben:

_____

_____

_____

Nomen:

_____

_____

_____

22. **Lesen Sie die folgenden Texte und setzen Sie die angegebenen Wörter richtig ein.**

Gebäudereiniger/in

Sie _____ Fassaden aus Stein, Kunststoff, Metall und Fliesen, Glasflächen und Innenräume. Bei Bauschlussreinigungen _____ sie Bauverschmutzungen in Neu- bzw. Umbauten. Zu den ständigen Reinigungsarbeiten gehören Reinigung und Pflege der Fußböden und Fußbodenbeläge und der Inneneinrichtungen. Die _____ im Krankenhausbereich stellen besondere Anforderungen an Hygiene und Sauberkeit. Das _____ moderner _____ und industrieller Produktionsstätten nimmt an Bedeutung zu. Theater, Kirchen, Bahnhöfe, Schwimmbäder und Verkehrsmittel sowie _____ und _____ sind weitere Arbeitsbereiche.

Zunehmend _____ _____ spezielle Umweltdienstleistungen wie die Entfernung schadstoffhaltiger Ablagerungen aus Industrie und Verkehr an Fassaden und Denkmälern oder die Organisation und Durchführung der _____ und Abfallentsorgung beim Kunden an.

Gebäudereinigungsbetriebe ◆ *Säubern* ◆ *Glaskonstruktionen* ◆
Abfalltrennung ◆ *reinigen* ◆ *Reinigungsarbeiten* ◆ *Gehsteig-*
reinigung ◆ *beseitigen* ◆ *Schneeräumung* ◆ *bieten*

Flugbegleiter/in

Vor dem Eintreffen der _____ _____ sie Zustand und Vollständigkeit der Notausrüstung und kontrollieren die _____. Dann _____ sie die Fluggäste, weisen ihnen die _____ zu, reichen Getränke und Zeitungen, _____ Mahlzeiten, _____ Kleinkinder und Behinderte. Sie geben _____ und leisten – wenn nötig – in _____ erste Hilfe.

Sitzplätze ◆ *betreuen* ◆ *prüfen* ◆ *Notfällen* ◆ *begrüßen* ◆
Kabineneinrichtung ◆ *Fluggäste* ◆ *Auskünfte* ◆ *servieren*

Logopäde/in

Sie sind in enger Zusammenarbeit mit dem Arzt oder auf dessen
Verordnung hin tätig. Ihre Aufgabe _____ die Befunder-
hebung und _____ bei Störungen der Sprachentwicklung,
bei Stimm-, Sprach- und Sprechstörungen verschiedenster Ursache
sowie bei Störungen des _____. Auch die _____
von Kehlkopfoperierten gehört zum Aufgabengebiet.

Der erforderliche _____ wird vom Logopäden selbstständig _____. Bei der Behandlung werden häufig spezielle
Apparate verwendet. Logopäden _____ auch neue Behand-
lungsmethoden. Sie sind in Kliniken, in Arztpraxen, in pädagogi-
schen Instituten für _____ oder in einer eigenen Praxis
tätig.

Behandlung ◆ *erstellt* ◆ *Sprach- und Hörgeschädigte* ◆ *umfasst* ◆
Redeflusses ◆ *entwickeln* ◆ *Therapie* ◆ *Therapieplan*

Krankenpfleger / Krankenschwester

Sie _____ Kranke in Krankenhäusern, Unfallkliniken, in
Pflegeanstalten, Altenheimen oder auch in häuslicher Umgebung.
Sie ergänzen damit die _____ Behandlung. Dabei kommt
es auf verantwortungsbewusste Beobachtung des _____
an, das Berücksichtigen seiner körperlichen und _____
Bedürfnisse, seiner Sorgen und Wünsche. Krankenschwestern und
Krankenpfleger helfen bei ärztlichen _____ und
_____ Eingriffen. Sie bedienen und überwachen medizini-
sche Apparate, begleiten den Arzt auf seine _____, legen
Verbände an, erledigen schriftliche Arbeiten auf der _____.
Nach Anweisung des Arztes teilen sie _____ aus und geben
Spritzen.

ärztliche ◆ *Medikamente* ◆ *seelischen* ◆ *pflegen* ◆ *operativen* ◆
Station ◆ *Visiten* ◆ *Kranken* ◆ *Untersuchungen*

Selbstständig oder angestellt?

**23. In welchen Berufen kann man sich selbstständig machen,
in welchen ist man in der Regel angestellt? Kreuzen Sie bitte an.**

	selbstständig	angestellt
Architekt/in	▦	▦
Bankkauffrau/mann	▦	▦
Kosmetiker/in	▦	▦
Verkäufer/in	▦	▦
Chemietechniker/in	▦	▦
Schreiner/in	▦	▦
Bibliotheksassistent/in	▦	▦
Grafiker/in	▦	▦
Steuerberater/in	▦	▦
Bewährungshelfer/in	▦	▦
Schriftsetzer/in	▦	▦
Krankengymnast/in	▦	▦

24. Lesen Sie den folgenden Text und betrachten Sie die dazugehörige Grafik. Kreuzen Sie dann in den Sätzen 1–8 die richtige Antwort an.

Frauen haben die Nase vorn

Existenzgründerinnen, die Eigenkapitalhilfe von der Deutschen Ausgleichsbank (DtA) erhielten, sind erfolgreicher als ihre männlichen Kollegen: Nur 3,7 Prozent der Frauen mussten innerhalb der ersten fünf Jahre mit Verlust wieder aufgeben. Bei den Männern waren es 5,9 Prozent. Die DtA verglich Firmen, die 1991 starteten. Die Unternehmerinnen konzentrierten sich auf freie Berufe (vor allem Heilberufe), Handel (Textil, Bekleidung) und Handwerk. Nur wenige machen sich mit Industrieunternehmen selbstständig. Dazu fehle den meisten Frauen noch die passende Ausbildung, so die DtA.

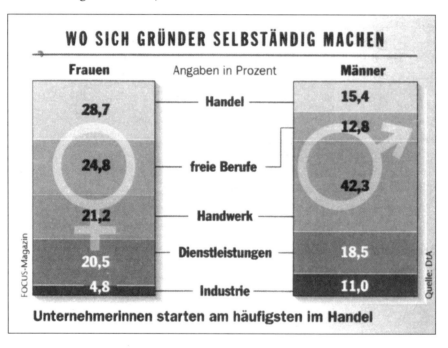

WO SICH GRÜNDER SELBSTÄNDIG MACHEN

Frauen	Angaben in Prozent		Männer
28,7	Handel		15,4
			12,8
24,8	freie Berufe		42,3
21,2	Handwerk		
20,5	Dienstleistungen		18,5
4,8	Industrie		11,0

FOCUS-Magazin

Quelle: DtA

Unternehmerinnen starten am häufigsten im Handel

	Ja	Nein
1. Die meisten Männer machen sich im Handwerk selbstständig.	▪	▪
2. 11 % der Frauen versuchen eine Existenzgründung mit Industrieunternehmen.	▪	▪
3. Im Dienstleistungssektor überwiegen die männlichen Existenzgründer.	▪	▪
4. Der Anteil der selbstständigen Frauen ist im Handwerk am höchsten.	▪	▪
5. Nur 3,7 % der Frauen mussten innerhalb der ersten fünfzehn Jahre mit Verlust wieder aufgeben.	▪	▪
6. Die wenigsten Frauen machen sich mit Industrieunternehmen selbstständig.	▪	▪
7. Mit 28,7 % ist der Anteil der sich im Handel selbstständig machenden Frauen am höchsten.	▪	▪
8. Die Männer konzentrieren sich auf freie Berufe, Handwerk und den Dienstleistungssektor.	▪	▪

25. a. Welche Berufe gibt es, welche nicht? Kreuzen Sie bitte an.

	Ja	Nein
Matratzenreiniger/in	▨	▨
Poesietherapeut/in	▨	▨
Psychodesigner/in	▨	▨
Telearbeiter/in	▨	▨
Pflanzentherapeut/in	▨	▨
Trendscouter/in	▨	▨
Multimediadidaktiker/in	▨	▨
Geldscheinvernichter/in	▨	▨
Unterwäscherestaurator/in	▨	▨
Vogelkäfigarchitekt/in	▨	▨
Zupfinstrumentemacher/in	▨	▨

b. Suchen Sie sich von den oben genannten Berufen einen aus und erfinden Sie Angaben zu den Punkten 1–3.

1. Qualifikation (Lehre / Studium, Fächer, Dauer, Prüfung ...)
2. Stellenbeschreibung (Tätigkeit, Arbeitsplatz, Firma, Karriere ...)
3. Einkommen

Max von der Grün
Masken

Sie fielen sich unsanft auf dem Bahnsteig 3 a des Kölner Hauptbahnhofes in die Arme und riefen gleichzeitig: Du?! Es war ein heißer Julivormittag, und Renate wollte in den D-Zug nach Amsterdam über Aachen. Erich verließ diesen Zug, der von Hamburg kam. Menschen
5 drängten aus dem Wagen auf den Bahnsteig, Menschen vom Bahnsteig in die Wagen, die beiden aber standen in dem Gewühl, spürten weder Püffe noch Rempeleien und hörten auch nicht, daß Vorübergehende sich beschwerten, weil sie ausgerechnet vor den Treppen standen und viele dadurch gezwungen wurden, um sie herumzugehen. Sie hörten
10 auch nicht, daß der Zug nach Aachen abfahrbereit war, und es störte Renate nicht, daß er wenige Sekunden später aus der Halle fuhr.
    Die beiden standen stumm, jeder forschte im Gesicht des anderen. Endlich nahm der Mann die Frau am Arm und führte sie die Treppen hinunter, durch die Sperre, und in einem Café in der Nähe des Doms
15 tranken sie Tee.
    Nun erzähle, Renate. Wie geht es dir? Mein Gott, als ich dich so plötzlich sah ... du ... ich war richtig erschrocken. Es ist so lange her, aber als du auf dem Bahnsteig fast auf mich gefallen bist ...
    Nein, lachte sie, du auf mich.
20   Da war es mir, als hätte ich dich gestern zum letzten Male gesehen, so nah warst du mir. Und dabei ist es so lange her ...
    Ja, sagte sie. Fünfzehn Jahre.
    Fünfzehn Jahre? Wie du das so genau weißt. Fünfzehn Jahre, das ist ja eine Ewigkeit. Erzähle, was machst du jetzt? Bist du verheiratet?
25 Hast du Kinder? Wo fährst du hin? ...
    Langsam Erich, langsam, du bist noch genauso ungeduldig wie vor fünfzehn Jahren. Nein, verheiratet bin ich nicht, die Arbeit, weißt du.

Wenn man es zu etwas bringen will, weißt du, da hat man eben keine Zeit für Männer.

30   Und was ist das für Arbeit, die dich von den Männern fernhält? Er lachte sie an, sie aber sah aus dem Fenster auf die Tauben. Ich bin jetzt Leiterin eines Textilversandhauses hier in Köln, du kannst dir denken, daß man da von morgens bis abends zu tun hat und …

   Donnerwetter! rief er und klopfte mehrmals mit der flachen Hand auf 35 den Tisch. Donnerwetter! Ich gratuliere.

   Ach, sagte sie und sah ihn an. Sie war rot geworden.

   Du hast es ja weit gebracht. Donnerwetter, alle Achtung. Und jetzt? Fährst du in Urlaub?

   Ja, vier Wochen nach Holland. Ich habe es nötig, bin ganz durchge-40 dreht. Und du Erich, was machst du? Erzähle. Du siehst gesund aus.

   Schade, dachte er, wenn sie nicht so eine Bombenstellung hätte, ich würde sie jetzt fragen, ob sie mich noch haben will. Aber so? Nein, das geht nicht, sie würde mich auslachen, wie damals.

   Ich? sagte er gedehnt, und brannte sich eine neue Zigarette an. Ich … 45 ich … Ach weißt du, ich habe ein bißchen Glück gehabt. Habe hier in Köln zu tun. Habe umgesattelt, bin seit vier Jahren Einkaufsleiter einer Hamburger Werft, na ja, so was Besonderes ist das nun wieder auch nicht.

   O, sagte sie und sah ihn starr an und ihr Blick streifte seine großen 50 Hände, aber sie fand keinen Ring. Sie erinnerte sich, daß sie vor fünfzehn Jahren nach einem kleinen Streit auseinandergelaufen waren, ohne sich bis heute wiederzusehen. Er hatte ihr damals nicht genügt, der schmalverdienende und immer ölverschmierte Schlosser. Er solle es erst zu etwas bringen, hatte sie ihm damals nachgerufen, vielleicht könne 55 man später wieder darüber sprechen. So gedankenlos jung waren sie damals. Ach ja, die Worte waren im Streit gefallen und trotzdem nicht böse gemeint. Beide aber fanden danach keine Brücke mehr zueinander. Sie wollten und wollten doch nicht. Und nun? Nun hatte er es zu etwas gebracht.

60   Dann haben wir ja beide Glück gehabt, sagte sie, und dachte, daß er immer noch gut aussieht. Gewiß, er war älter geworden, aber das steht ihm gut. Schade, wenn er nicht so eine Bombenstellung hätte, ich würde ihn fragen, ja, ich ihn, ob er noch an den dummen Streit von damals denkt und ob er mich noch haben will. Ja, ich würde ihn fragen. Aber 65 jetzt?

   Jetzt habe ich dir einen halben Tag deines Urlaubs gestohlen, sagte er und wagte nicht, sie anzusehen.

   Aber Erich, das ist doch nicht so wichtig, ich fahre mit dem Zug um fünfzehn Uhr. Aber ich, ich halte dich bestimmt auf, du hast gewiß einen 70 Termin hier.

   Mach dir keine Sorgen, ich werde vom Hotel abgeholt. Weißt du, meinen Wagen lasse ich immer zu Hause, wenn ich längere Strecken fahren muß. Bei dem Verkehr heute, da kommt man nur durchgedreht an.

75   Ja, sagte sie. Ganz recht, das mache ich auch immer so. Sie sah ihm nun direkt ins Gesicht und fragte: Du bist nicht verheiratet? Oder läßt du Frau und Ring zu Hause?

   Weißt du, antwortete er, das hat seine Schwierigkeiten. Die ich haben will, sind nicht zu haben oder nicht mehr, und die mich haben wollen, 80 sind nicht der Rede wert. Zeit müßte man eben haben. Zum Suchen, meine ich. Zeit müßte man haben. Jetzt müßte ich ihr sagen, daß ich sie noch immer liebe, daß es nie eine andere Frau für mich gegeben hat, daß ich sie all die Jahre nicht vergessen konnte. Wieviel? Fünfzehn Jahre? Eine lange Zeit. Mein Gott, welch eine lange Zeit. Und jetzt? Ich kann 85 sie doch nicht mehr fragen, vorbei, jetzt, wo sie so eine Stellung hat.

Nun ist es zu spät, sie würde mich auslachen, ich kenne ihr Lachen, ich habe es im Ohr gehabt, all die Jahre. Fünfzehn? Kaum zu glauben.

Wem sagst du das? Sie lächelte. Entweder die Arbeit oder das andere, echote er.

90 Jetzt müßte ich ihm eigentlich sagen, daß er der einzige Mann ist, dem ich blind folgen würde, wenn er mich darum bäte, daß ich jeden Mann, der mir begegnete, sofort mit ihm verglich. Ich sollte ihm das sagen. Aber jetzt? Jetzt hat er eine Bombenstellung, und er würde mich nur auslachen, nicht laut, er würde sagen, daß … ach … es ist alles so sinn-
95 los geworden.

Sie aßen in demselben Lokal zu Mittag und tranken anschließend jeder zwei Cognac. Sie erzählten sich Geschichten aus ihren Kinder-tagen und später aus ihren Schultagen. Dann sprachen sie über ihr Be-rufsleben und sie bekamen Respekt voreinander, als sie erfuhren, wie
100 schwer es der andere gehabt hatte bei seinem Aufstieg. Jaja, sagte sie; ge-nau wie bei mir, sagte er.

Aber jetzt haben wir es geschafft, sagte er laut und rauchte hastig.

Ja, nickte sie. Jetzt haben wir es geschafft. Hastig trank sie ihr Glas leer.

105 Sie hat schon ein paar Krähenfüße, dachte er. Aber die stehen ihr nicht einmal schlecht.

Noch einmal bestellte er zwei Schalen Cognac, und sie lachten viel und laut.

Er kann immer noch so herrlich lachen, genau wie früher, als er alle
110 Menschen einfing mit seiner ansteckenden Heiterkeit. Um seinen Mund sind zwei steile Falten, trotzdem sieht er wie ein Junge aus, er wird immer wie ein Junge aussehen, und die zwei steilen Falten stehen ihm nicht einmal schlecht. Vielleicht ist er jetzt ein richtiger Mann, aber nein, er wird immer ein Junge bleiben. Kurz vor drei brachte er sie
115 zum Bahnhof.

Ich brauche den Amsterdamer Zug nicht zu nehmen, sagte sie. Ich fahre bis Aachen und steige dort um. Ich wollte sowieso schon lange einmal das Rathaus besichtigen.

Wieder standen sie auf dem Bahnsteig und sahen aneinander vorbei.
120 Mit leeren Worten versuchten sie die Augen des anderen einzufangen, und wenn sich dann doch ihre Blicke trafen, erschraken sie und muster-ten die Bögen der Halle. Wenn sie jetzt ein Wort sagen würde, dachte er, dann …

Ich muß jetzt einsteigen, sagte sie. Es war schön, dich wieder einmal
125 zu sehen. Und dann so unverhofft …

Ja, das war es. Er half ihr beim Einsteigen und fragte nach ihrem Gepäck.

Als Reisegepäck aufgegeben.

Natürlich, das ist bequemer, sagte er.
130 Wenn er jetzt ein Wort sagen würde, dachte sie, ich stiege sofort wieder aus, sofort. Sie reichte ihm aus einem Abteil erster Klasse die Hand. Auf Wiedersehen.

Wie schön sie immer noch ist. Warum nur sagt sie kein Wort. Danke, Renate. Hoffentlich hast du schönes Wetter.
135 Ach, das ist nicht so wichtig. Hauptsache ist das Faulenzen, das kann man auch bei Regen.

Der Zug ruckte an. Sie winkten nicht, sie sahen sich nur in die Augen, so lange dies möglich war.

Als der Zug aus der Halle gefahren war, ging Renate in einen Wagen
140 zweiter Klasse und setzte sich dort an ein Fenster. Sie weinte hinter einer ausgebreiteten Illustrierten.

Wie dumm von mir, ich hätte ihm sagen sollen, daß ich immer noch die kleine Verkäuferin bin. Ja, in einem anderen Laden, mit zweihundert Mark mehr als früher, aber ich verkaufe immer noch Herrenoberhem-

145 den, wie früher, und Socken und Unterwäsche. Alles für den Herrn. Ich
hätte ihm das sagen sollen. Aber dann hätte er mich ausgelacht, jetzt,
wo er ein Herr geworden ist. Nein, das ging doch nicht. Aber ich hätte
wenigstens nach seiner Adresse fragen sollen. Wie dumm von mir, ich
war aufgeregt wie ein kleines Mädchen, und ich habe gelogen, wie ein
150 kleines Mädchen, das imponieren will. Wie dumm von mir.

Erich verließ den Bahnhof und fuhr mit der Straßenbahn nach Ost-
heim auf eine Großbaustelle. Dort meldete er sich beim Bauführer.

Ich bin der neue Kranführer.

Na, sind Sie endlich da? Mensch, wir haben schon gestern auf Sie
155 gewartet. Also dann, der Polier zeigt Ihnen Ihre Bude, dort drüben
in den Baracken. Komfortabel ist es nicht, aber warmes Wasser haben
wir trotzdem. Also dann, morgen früh, pünktlich sieben Uhr.

Ein Schnellzug fährt Richtung Deutz. Ob er auch nach Aachen fährt?
Ich hätte ihr sagen sollen, daß ich jetzt Kranführer bin. Ach, Blödsinn,
160 sie hätte mich nur ausgelacht, sie kann so verletzend lachen. Nein, das
ging nicht, jetzt, wo sie eine Dame geworden ist und eine Bombenstellung hat.

26. a. Lesen Sie den Text „Masken".

**b. Schreiben Sie als Renate bzw. Erich dem anderen einen Brief,
in dem Sie alles erklären.**

**c. Schreiben Sie einer Freundin bzw. einem Freund einen Brief,
in dem Sie die ganze Geschichte erzählen.**

d. „Wenn sie jetzt ein Wort sagen würde, dachte er, dann ..."

Schreiben Sie einen neuen Schluss für die Geschichte.

**e. Einen Monat später treffen sich Erich und Renate zufällig
in einer Kneipe wieder. Wie könnte die Begegnung diesmal
verlaufen? Schreiben Sie einen Dialog.**

27. Wo findet man Stellenangebote? Kreuzen Sie bitte an:

- bei den örtlichen Arbeitsämtern
- im Versandhauskatalog
- auf dem Postamt
- in Fachzeitschriften
- im Internet
- bei privaten Stellenvermittlern
- bei der Stadt- bzw. Gemeindeverwaltung
- bei Fachvermittlungsdiensten für besonders qualifizierte Fach- und Führungskräfte
- im Buchhandel
- in regionalen und überregionalen Tageszeitungen
- beim Datex-J-Netz der Telekom AG

An welchen Tagen werden in den Tageszeitungen die meisten Anzeigen veröffentlicht? _____

28. Wo findet man Informationen über das Unternehmen, bei dem man sich bewerben möchte? Bitte kreuzen Sie an:

- in Firmenbroschüren
- bei Banken
- beim Arbeitsamt
- bei der Telefonauskunft
- in Geschäftsberichten
- in der Kirche
- beim Bund für Umwelt und Naturschutz
- bei der IHK (Industrie- und Handelskammer)
- beim Statistischen Bundesamt
- bei Insidern (Firmenangehörigen)
- im Handbuch für Großunternehmen

29. Für Informationen über größere Firmen sind Printmedien eine hilfreiche Quelle. Kreuzen Sie bitte das Zutreffende an:

- FAZ (Frankfurter Allgemeine Zeitung)
- Flieg und Spar
- Playboy
- Capital
- Geo-Magazin
- Der Spiegel
- Emma
- Wirtschaftswoche
- Handelsblatt
- Die Zeit
- Neue Revue

Wortbildung

Im Deutschen werden zur Bildung neuer Begriffe häufig zwei (oder mehr) Wörter zu einem neuen Wort verbunden. Das zweite Wort (Grundwort) bestimmt dabei den Artikel des zusammengesetzten Wortes (Kompositum): *das Büro + der Stuhl = der Bürostuhl.*

Manchmal tritt zwischen das erste Wort (Bestimmungswort) und das zweite Wort (Grundwort) ein Fugenelement.

Das Fugen-s

Das Fugen-*s* dient zur leichteren Aussprache: *Arbeitslohn, Wohnungsnot, Liebesbrief.*

Mitunter steht anstelle des -*s* auch ein -*n* oder -*e: Birkenzweig, Pferdefuhrwerk.*

Oft weist das Fugen-s auch auf den Genitiv hin: *Vereinskasse.*

Regeln

Es steht ein Fugen-s
- wenn das Bestimmungswort auf -*tum, -ing, -ling, -heit, -keit, -schaft, -ung, -ion, -tät* endet
- bei *Liebe-, Hilf-, Armut-, Geschicht- und Arbeit-* (außer bei: *Arbeitgeber* und *Arbeitnehmer*)
- bei Zusammensetzungen mit substantivisch gebrauchten Infinitiven: *Leben – Lebensweise*
- häufig nach männlichen und sächlichen Nomen mit *Ge-* als Bestimmungswort: *Gebrauchsanleitung*

Es steht kein Fugen-s
- bei einsilbigen Bestimmungswörtern: *die Not, der Rang (der Notausgang)*
- bei zweisilbigen weiblichen Bestimmungswörtern auf -*e: die Probe (die Probezeit)*
- bei Bestimmungswörtern auf -*el, -er, -sch, -tz, -s, -ß, -ur, -ik*
- wenn das Bestimmungswort eine Präposition oder ein Adjektiv ist: *Gegenargument, Schwerpunkt*
- vor dem Grundwort -*steuer (Lohnsteuer)*

30. Klären Sie die Bedeutung der Wortzusammensetzungen und ergänzen Sie – wenn nötig – das Fugen-s. Benutzen Sie das Wörterbuch, wenn Sie unsicher sind.

das Fabrik___gelände
der Stellung___suchende
der Führung___stil
der Tätigkeit___nachweis
die Essen___marke
die Mehrwert___steuer
die Staat___bank
die Gehalt___erhöhung
die Kommission___sitzung

das Diskussion___ergebnis
das Verpackung___material
der Stück___preis
die Zahlung___bedingung
die Öffentlichkeit___arbeit
die Geschwindigkeit___begrenzung
der Gelegenheit___job
das Wirtschaft___wachstum
der Not___ausgang
der Arbeit___platz
die Steuer___erhöhung

Bewerbung

31. Bilden Sie aus den folgenden Wörtern Zusammensetzungen und denken Sie dabei auch an das Fugen-s.

Was man als Bewerber bzw. Bewerberin braucht:

Überzeugung   Bereitschaft
Kommunikation   Fähigkeit
Leistung   Geschick
Verantwortung   Qualität
Durchsetzung   s   Vermögen
Organisation   Bewusstsein
Verhandlung   Talent
Begeisterung   Kraft
Führung

32. Bilden Sie aus den folgenden Wörtern Adjektive. Verwenden Sie dazu -lich, -bewusst, -fähig.

Beispiel: Rot – rötlich
          Haus – häuslich

Wie ein Bewerber bzw. eine Bewerberin sein muss:

Selbst: _____
Team: _____
Fortschritt: _____
Kommunikation: _____
Verantwortung: _____
Begeisterung: _____
Freund: _____
Verlass: _____
Grund: _____
Pflicht: _____
Durchsetzung: _____
Anpassung: _____

-lich

-bewusst

-fähig

33. Bilden Sie jeweils das Gegenteil.

konstruktiv *destruktiv*   organisiert _____

aktiv _____   freundlich _____

introvertiert _____   hektisch _____

ordentlich _____   tolerant _____

beliebt _____   kompetent _____

34. Ordnen Sie die Adjektive in die Tabelle ein.

gewandt   kultiviert   verkrampft   höflich   schlagfertig   aufgeschlossen
arrogant   langsam   selbstständig   diplomatisch   sprunghaft   fleißig
taktlos   ausschweifend   unsicher   hilflos   nachlässig   einsilbig
gleichgültig   umständlich   launisch   hilfsbereit   zielbewusst   motiviert

positive Eigenschaften	negative Eigenschaften

Stellenanzeigen untersuchen

Mit fast 40 000 Mitarbeitern sind wir der größte Arbeitgeber der deutschen Gastronomie. Teamgeist, Chancengleichheit, Weiterbildungsmöglichkeiten und Flexibilität sind für uns keine Worthülsen, sondern unabdingbare Voraussetzungen für unseren Erfolg.

Wir suchen Sie zur Verstärkung als

Restaurantleiter-Assisten/in Rhein-Main-Gebiet

Wenn Sie freundlich und sicher im Umgang mit Menschen sind, eine abgeschlossene Berufsausbildung oder entsprechende Berufserfahrung haben und idealerweise zwischen Anfang Zwanzig und Mitte Dreißig sind, möchten wir mit Ihnen über Ihre Entwicklungschancen sprechen.

Wir bieten ein dieser Position entsprechend dotiertes Gehalt, eine geregelte Arbeitszeit mit Wechselschichten und Wochenenddienst sowie nicht zuletzt die Sozialleistungen eines großen Unternehmens.

Gerne erwarten wir Ihre Bewerbungsunterlagen mit Lichtbild.

Pflege ist Hilfe – Hilfe zum Leben
Häuslicher Pflegedienst
sucht:
examinierte Krankenschwestern und Krankenpfleger Altenpflegerin, Altenpfleger

im Schichtdienst (kein Nachtdienst) für den Tätigkeitsbereich in der Pflege der Patienten zu Hause im Raum Frankfurt-Nieder-Eschbach, Bonames, Kalbach und Bad Homburg.
Voraussetzung: Berufserfahrung, Engagement, Führerschein Klasse III.
Wir bieten: junges dynamisches Team, übertarifliche Gehälter, Urlaubsgeld, Weihnachtsgeld, Dienstfahrzeuge auch zur privaten Nutzung.

Aushilfskräfte
für unsere Auftragserfassung und Adresspflege

Für die kommenden Monate erwarten wir ein hohes Bestellaufkommen und suchen deshalb Mitarbeiter/innen (Vollzeit), die Erfahrung im Umgang mit Windows-Oberflächen, dem Erfassen von Aufträgen und der Adresspflege haben. Vielleicht haben Sie auch schon einmal telefonische Bestellungen entgegengenommen.

Wenn Sie diese Aufgabe in einem traditionsreichen Verlag mit neuer Führungsstruktur in einer attraktiven Großstadt reizt, so senden Sie bitte Ihre Bewerbungsunterlagen an.

Es lohnt sich, Stellenanzeigen einmal kritisch unter die Lupe zu nehmen. So kann man z. B. erfahren,

– wer z. B. konkrete Angebote macht: *Übertarifliche Gehälter, Urlaubsgeld, Weihnachtsgeld, Dienstwagen, ...*
– wer sich eher bedeckt hält bzw. versucht sich positiv darzustellen: *entsprechend dotiertes Gehalt* (was auch immer das heißt), *geregelte Arbeitszeit, mit Wechselschicht und Wochenenddienst* (ein Paradox)
– und wer relativ unkonkrete Angaben macht: *traditionsreicher Verlag und attraktive Großstadt.*

①

Bekannter Frankfurter Verlag
sucht zum 12. Dezember eine

Sekretärin

Sie verfügen über organisatorisches Geschick und kaufmännischen Verstand, sind flexibel, belastbar, schnell und können sehr gut Englisch. Sie sind fit in Winword und Excel, haben Lust am Umgang mit Büchern und scheuen sich nicht, auch die Telefonzentrale zu bedienen. Wir bieten ein gutes Arbeitsklima mit angemessener Bezahlung und Sozialleistungen.
Bitte senden Sie schnellstmöglich Ihre vollständigen Bewerbungsunterlagen an ...

②

Wir sind ein führendes expandierendes Unternehmen in der Geschenkartikelbranche. Zur Einführung und Betreuung einer neuen Produktlinie suchen wir ab Januar 19..

Reisende für Deutschland

Was Sie erwartet:
– eine interessante Tätigkeit mit sehr guten Verdienstmöglichkeiten
– ein neutrales Firmenfahrzeug (auch zur privaten Nutzung)
– Verkaufsunterstützung durch qualifizierten Innendienst

Was wir erwarten:
– Erfahrung im Außendienst
– Freude am Umgang mit Menschen
– Mobilität und Belastbarkeit
– Höchstalter 40 Jahre

Sind Sie interessiert? Dann senden Sie bitte Ihre aussagekräftigen Bewerbungsunterlagen ...

③

... ist Zulieferant der großen Automobilhersteller.
... Autoteile-Service ist ein Unternehmen der ...-Gruppe und betreut vom Standort Musterstadt den internationalen Handelsmarkt.
Stellen Sie die Weichen ab 1. Januar neu und kommen Sie in unser Team als

Gebietsverkaufsleiter

für Nordbayern, Nordhessen und Thüringen.

Wenn Sie eine fundierte kaufmännische Ausbildung besitzen und schon früher in ähnlicher Funktion tätig waren, haben Sie bereits die ersten Voraussetzungen zur Kontaktaufnahme erfüllt.
Außerdem wünschen wir uns einen mobilen, eigenverantwortlich arbeitenden Mitarbeiter, der kontaktfreudig und aufgeschlossen ist und Teamarbeit bevorzugt.
Aufgrund unserer weltweiten Geschäftsverbindungen sind auch spätere Auslandsaktivitäten möglich, so dass wir unbedingt Wert auf gute englische Sprachkenntnisse legen müssen. Von Vorteil ist in jedem Fall auch Berufserfahrung in der KFZ-Ersatzteile-Branche.
Sie sollten zwischen 25 und 40 Jahre jung sein und die obigen Punkte für sich mit ja beantwortet haben, um sich mit uns zu unterhalten.
Das attraktive Rahmenpaket für die Position beinhaltet ein Firmen-KFZ und eine ergebnisorientierte Entlohnung.
Also, sind Sie interessiert? Dann möchten wir Ihre Bewerbungsmappe (mit Lichtbild) anschauen, die Sie bitte an die Personalleitung ...

35. a. **Untersuchen Sie die Stellenanzeigen nach folgenden Gesichtspunkten:**

	1	2	3
Angebote und Leistungen des Unternehmens			
gewünschte Eigenschaften und Qualifikationen des Bewerbers			

b. **Welche Anzeige entspricht nicht Ihren Erwartungen? Warum?**

❶

Junior-Texter/in

Kein Wortgeklingel, keine leeren Versprechungen – wir suchen eine(n) Junior-Texter(in), der (die) ambitioniert für anspruchsvolle Kunden aus den Bereichen Büromöbel und Objekteinrichtungen, Pharma und Kosmetik schreibt. Headlinestark, von Fachanzeigen über Broschüren bis zum TV-Spot.

Wir versprechen Ihnen mindestens so viel Spaß wie Arbeit in einem Team netter Individualisten.

❸

Das Pflegeheim … sucht zum 1. Januar oder später für den Sozialdienst eine/n

Sozialpädagogen/in bzw. Sozialarbeiter/in

… liegt ca. 35 km östlich von Frankfurt/M., im Main-Kinzig-Kreis. In unserem Haus leben 235 schwer- und schwerstpflegebedürftige erwachsene Menschen mit unterschiedlichen Krankheitsbildern.

Wir erwarten die Bereitschaft zu selbstständiger Arbeit, aber auch Kooperation u. Teamarbeit mit anderen Angestellten des Hauses.

❷

Hauptverwaltung

Wir sind eine bundesweit tätige, gemeinnützige Einrichtung mit über 5.500 Mitarbeitern in mehr als 200 Betriebsstätten.

Zum nächstmöglichen Termin suchen wir für unser pharmazeutisches Referat eine/n

Sachbearbeiter/in

Ihre Aufgabe:
– Pflege relevanter Gesetzessammlungen und Verordnungen
– versierte Abwicklung allgemeiner administrativer Tätigkeiten und des Schriftverkehrs in diesem Bereich

Ihr Profil:
– Ausbildung zur Anwaltsgehilfin oder vergleichbare Kenntnisse
– sicher in Wort und Schrift
– Erfahrung in WINWORD
– Englisch-Grundkenntnisse

Wir bieten Ihnen ein modernes Arbeitsumfeld mit gleitender Arbeitszeit, hauseigenem Tarif und attraktiven Sozialleistungen.

Bewerbungen von Schwerbehinderten mit entsprechender Eignung sind uns willkommen.
Bitte senden Sie Ihre Unterlagen an …

	4	5	6
Angebote und Leistungen des Unternehmens			
gewünschte Eigenschaften und Qualifikationen des Bewerbers			

1. Ich verfüge über einschlägige EDV-Kenntnisse (Winword / Excel) und spreche und schreibe fließend Englisch und Französisch.
2. Sehr geehrte Damen und Herren,
3. Meine Aufgaben bestehen in der Organisation des Schreibbüros sowie in der Termin- und Kontaktkoordinierung.
4. Monika Muster
   Musterstraße 22
   47111 Darmstadt
5. Digitalis Verlag
   Hanauer Straße 27
   60386 Frankfurt
6. Mit freundlichen Grüßen
7. ..., 01.04 ...
8. hiermit bewerbe ich mich auf die in der Frankfurter Rundschau vom 28.03. ausgeschriebene Stellenanzeige „Chefsekretärin".
9. Zurzeit arbeite ich als Leiterin des Fremdsprachensekretariats in einem Lernmittelverlag.
10. Ihre Anzeige in der Frankfurter Rundschau vom 28.03.
11. Anlagen: Lebenslauf, Zeugniskopien
12. Ich würde mich freuen, wenn Sie mir nach Durchsicht meiner Unterlagen die Gelegenheit zu einem Vorstellungsgespräch geben würden.
13. Bewerbung um die Stelle als Chefsekretärin

36. Ordnen Sie die Angaben 1–13 den folgenden Teilen eines Bewerbungsschreibens zu. Tragen Sie die entsprechende Nummer ein.

_____ Absender
_____ Vollständige Anschrift der Firma / Institution
_____ Datum
_____ Betreff
_____ Bezug
_____ Anrede
_____ Einleitung / Standardformel
_____ Persönliche Angaben
          (Tätigkeit, Hinweis auf Qualifikationen)
_____ Schlussformel
_____ Grußformel (und Unterschrift)
_____ Anlagen

37. Schreiben Sie nun Ihre eigene Bewerbung auf eine der Stellenanzeigen von Seite 34–36.

Um bei Personalfachleuten Interesse zu wecken, sollten Sie bei Ihrem Bewerbungsschreiben nicht nur darauf achten, dass dieses den formalen Anforderungen entspricht, sondern Sie sollten ihm vor allem eine individuelle Note geben. Dies gilt besonders dann, wenn die Anzeige durch ihre Aufmachung ein solches Bewerbungsschreiben geradezu fordert.

38. Das folgende Bewerbungsschreiben enthält einige Rechtschreib-fehler. Korrigieren Sie.

Dr. Peter Mustermann
Musterstr. 8
47121 Musterstadt

Deutsches Sportfernsehen
Personalabteilung
Bahnhofstr. 27 a
85774 Unterföhring

11. 11. ...

Anzeige in der Frankfurter Runschau vom ...

Sehr gehrte Damen und Herren,

Sie suchen mit Ihrem Stellenangebot vom ... in der
Frankfurter Rundschau eine/n Athlet/in für ihre Redak-
tionsassistenz.
    Zwar habe ich weder einen Bungee-Sprung hinter mir
noch kann ich mit Wildwasser-Rafting oder Sky-Surfen
diene, doch wage ich es, als sportbegeisterter Zuschauer
bei der klassische Disziplinen ein Wörtchen mitzureden.
    Ob V-Sprung, Pole-Position, Hole-in-one, Break oder
gar vierfacher Axel, versuchen Sie doch eimmal ein
Dribbling mit mir durch den Stangenwald der Wöter.
    Zurzeit nehme ich als Fachredakteur für die Bereiche
Kultur und Sport in einer regionalen Tafeszeitung jede
Hürde.
    Gern würde ich meine Berufskenntnise über den Sport
auch im Fersehen zum Einsatz bringen.
    Wen meine Bewerbung Ihr Interesse geweckt hat, würde
ich mich über eine Kontaktaufnahme Ihreseits freuen.

Mit feundlichen Grüssen

39. Kreuzen Sie an, welche Angaben in dem Lebenslauf zu einem Bewerbungsschreiben wichtig, unwichtig bzw. unter bestimmten Umständen wichtig sind.

	wichtig	unwichtig	eventuell
Geburtsdatum und Geburtsort	▦	▦	▦
Angaben zur Lebensweise, z. B. Vegetarier	▦	▦	▦
Angaben zu den Eltern	▦	▦	▦
ausführliche Beschreibung der Geschwister	▦	▦	▦
Konfession	▦	▦	▦
Raucher / Nichtraucher	▦	▦	▦
Kindergartenplatz	▦	▦	▦
Lieblingsfarbe	▦	▦	▦
Schulausbildung	▦	▦	▦
Sternzeichen	▦	▦	▦
Hochschulausbildung	▦	▦	▦
Details über Besitzverhältnisse	▦	▦	▦
berufliche Ausbildung	▦	▦	▦
Hobbys	▦	▦	▦
Kinderkrankheiten	▦	▦	▦
Urlaubsziele	▦	▦	▦
Fortbildungsseminare	▦	▦	▦
Fremdsprachenkenntnisse	▦	▦	▦
Vereinstätigkeit	▦	▦	▦
Schulausbildung der Kinder	▦	▦	▦
Führerschein	▦	▦	▦
Aufgaben und Tätigkeiten des zurzeit ausgeübten Berufes	▦	▦	▦
Parteizugehörigkeit	▦	▦	▦
Staatsangehörigkeit	▦	▦	▦
Kinderwunsch	▦	▦	▦
Schulabschlüsse	▦	▦	▦
Verdauungsprobleme	▦	▦	▦

Im Leben geht's oft rund

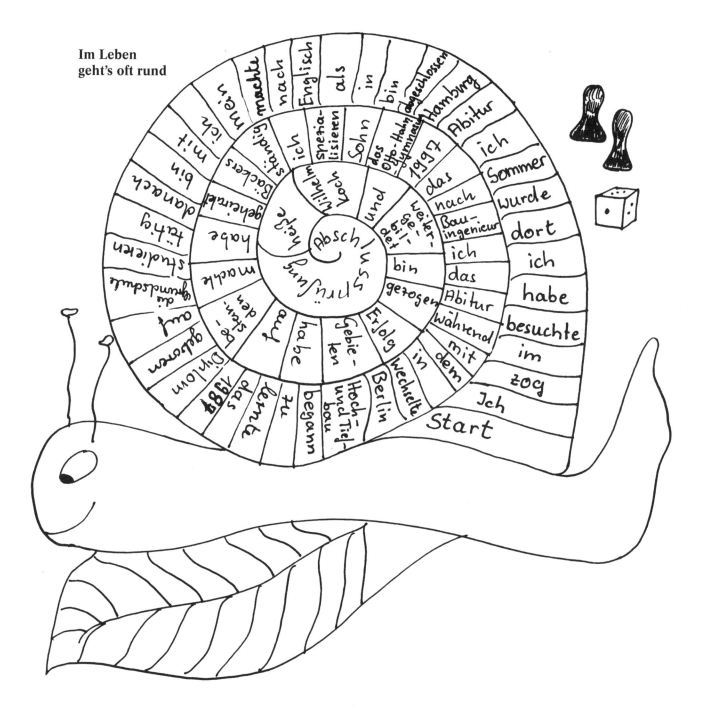

40. **Würfeln Sie mit Ihren Partnern abwechselnd und notieren Sie sich so lange Wörter, bis Sie damit einen grammatisch und inhaltlich korrekten Satz bilden können.**

Gewonnen hat der, der am Schluss die meisten Wörter in Sätzen vorweisen kann.

Theo Weinobst
Lebensläufe

Anfang	Hauptschule	Neureich	Untergang
Baby	Irrwege	Ordnung	Veralten
Creme	Jugendsünden	Posten	Warten
Daumen	Küsse	Qualität	X
Erfahrung	Liebe	Rastlosigkeit	Y
Fortschritt	Mann und	Sommerhaus	Zentralfriedhof
Grundschule	Frau	Traumreise	

41. Lesen Sie das Gedicht „Lebensläufe" und verfassen Sie dann „Ihr" Lebenslauf-Gedicht.

42. Bearbeiten Sie den Lebenslauf, wenn möglich, in Partnerarbeit. Rücken Sie abwechselnd mit einem Geldstück ein Feld weiter und schreiben Sie einen passenden Satz zu dem Feld. Achtung: Die Sätze müssen im Präteritum sein.

Lebenslauf eines Glückspilzes

werden

besuchen

wechseln

abschließen

gehen

machen

anfangen

studieren

heiraten

beenden

arbeiten

ablegen

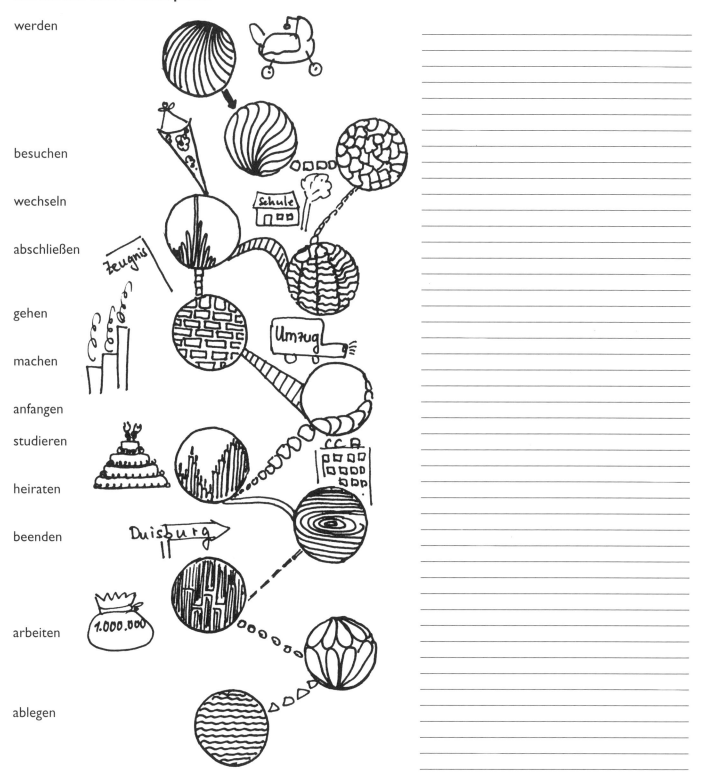

43. Verbessern Sie den folgenden Text stilistisch. Streichen Sie überflüssige Angaben und achten Sie auf unnötige Wiederholungen und unpassende Ausdrücke.

Lebenslauf

Ich wurde am 24. März 19.. in Bad Orb, Kreis Main-Kinzig, geboren. Mein Vater, August Schröder, ist Gebäudereiniger, meine Mutter, Agathe Walz, geb. Lang, ist Bürokauffrau. 19.. wurde meine ältere Schwester Klaudia geboren. Mit ihr verstehe ich mich auch heute noch gut.

Ich bin in Bad Orb aufgewachsen und verlebte dort eine glückliche Kindheit.

Im Sommer 19.. kam ich in die Grundschule.

Ich besuchte die Grundschule bis 19.. Dann wechselte ich auf die Realschule in Gelnhausen.

Ich besuche derzeit die neunte Klasse der Realschule und ich werde die Realschule voraussichtlich im Sommer 19.. mit dem Zeugnis der Mittleren Reife verlassen.

Mein besonderes Interesse gilt den Fächern Deutsch und Mathematik in der Schule.

Ich mache seit diesem Schuljahr freiwillig einen Computerkurs. Ich möchte damit Kenntnisse für den angestrebten Beruf kriegen. In meiner Freizeit mache ich aktiv Sport, auch arbeite ich gerne kunsthandwerklich und ich lese viel. Ich habe mich während der letzten Wochen ausführlich über die Arbeit in einer Bank ausführlich informiert und ich denke, dass mir die Arbeit als Bankkauffrau in diesem Berufsbereich gefällt.

Das Vorstellungsgespräch

Zur Vorbereitung auf ein Vorstellungsgespräch sollten Sie sich u. a. informieren über:

- Hauptsitz des Unternehmens
- Marktanteil
- Niederlassungen
- Anzahl der Mitarbeiter
- Umsatz
- Rechtsform
- Firmenphilosophie und Unternehmenskultur
- Produktpalette

44. Formulieren Sie mit Hilfe der folgenden Fragepronomen Fragesätze zu den oben genannten Angaben.

Beispiel: *Wo ist der Hauptsitz des Unternehmens?*

Was (für ein-)?
Welche?
Wie viele?
Wie?
Wo?

45. Setzen Sie die richigen Fragepronomen ein.

Welche?   *Wann?*   *Wie viele?*
   Mit welchen?
  Warum?   *Wie?*   *Wie lange?*

Fragen, die Sie im Vorstellungsgespräch stellen sollten:

1. _____ ist die ausgeschriebene Stelle vakant?
2. _____ Mitarbeiter arbeiten in diesem Bereich?
3. _____ Abteilungen / Personen werde ich zusammenarbeiten?
4. _____ ist die Probezeit?
5. _____ kann ich die Stelle antreten?
6. _____ sieht es mit Karrieremöglichkeiten und Fortbildungsmaßnahmen aus?
7. _____ sind die Regelarbeitszeiten?
8. _____ Sozialleistungen bietet Ihr Unternehmen?
9. _____ kann ich mit einer Entscheidung rechnen?
10. _____ aktuellen Vorhaben stehen in Ihrem Hause für die nahe Zukunft an?

46. Welche Themen sind in einem Vorstellungsgespräch erlaubt, nicht erlaubt oder nur bedingt erlaubt? Kreuzen Sie an.

	erlaubt	nicht erlaubt	nur bedingt
Betriebsratszugehörigkeit	▨	▨	▨
Hobbys	▨	▨	▨
Religion	▨	▨	▨
aktuelle Lebenssituation	▨	▨	▨
Schwangerschaft	▨	▨	▨
politischer Standpunkt	▨	▨	▨
private Vermögensverhältnisse	▨	▨	▨
Familienplanung (z.B. bevorstehende Heirat)	▨	▨	▨
bisherige Tätigkeit	▨	▨	▨
Vorliegen einer Schwerbehinderung	▨	▨	▨
frühere Arbeitsplatzwechsel	▨	▨	▨
Schwierigkeiten mit Vorgesetzten	▨	▨	▨
gewerkschaftliches Engagement	▨	▨	▨
chronische Krankheit	▨	▨	▨
frühere Arbeitsplatzvergütung	▨	▨	▨

In einem Vorstellungsgespräch werden bestimmte inhaltliche Schwerpunkte gesetzt. In der Regel erfolgen diese nach folgender Reihenfolge:

Begrüßung / Vorstellung: _____
Bewerbungsgespräch
a. Bewerber
    persönliche Situation: _____
    Aus- und Weiterbildung: _____
    beruflicher Werdegang: _____
b. Unternehmen
    Informationen / Fragen zur Position: _____
    Informationen / Fragen zum Unternehmen: _____
    Vertragliche Fragen: _____
Abrundung des Gesprächs: _____

47. Lesen Sie die folgenden Fragen (1–20) und ordnen Sie die Nummer dem entsprechenden Gesprächsabschnitt eines Vorstellungsgesprächs (siehe oben) zu.

1. Welche Gehaltsvorstellungen haben Sie?
2. Welche Voraussetzungen halten Sie für diese Stelle für relevant?
3. Schildern Sie einmal den Ablauf eines typischen Arbeitstages.
4. Wann könnten Sie bei uns anfangen?
5. Ist Ihr Partner mit einem Wohnortwechsel einverstanden?
6. Welche konkreten Aufgaben umfasst Ihre bisherige Tätigkeit?
7. Wie war Ihre Fahrt?
8. Auf welche Ihrer beruflichen Leistungen sind Sie besonders stolz?
9. Warum haben Sie sich bei uns beworben?
10. Wie können Sie Beruf und Familie miteinander verbinden?
11. Darf ich Ihnen einen Kaffee oder einen Saft anbieten?
12. Weshalb haben Sie gerade über das Thema „..." Ihre Doktorarbeit geschrieben?
13. Welche Position wollen Sie bei uns erreichen?
14. Welche Fortbildungsveranstaltungen haben Sie in den letzten Jahren besucht?
15. Was wissen Sie über unser Unternehmen?
16. Haben Sie unsere Firma gleich gefunden?
17. Warum wollen Sie sich beruflich verändern?
18. Aus welchen Gründen haben Sie sich für Ihren Beruf entschieden?
19. Soll ich mich wieder bei Ihnen melden oder bekomme ich Nachricht von Ihnen?
20. Welche Position hatten Sie in Ihrer letzten Firma inne?

Das Antwortschreiben

48. Verfassen Sie anhand der folgenden Textbausteine ein positives und ein negatives Antwortschreiben auf eine Bewerbung. Denken Sie auch an die Anrede und Schlussformel.

Aufgrund der zahlreichen Zuschriften wird die Bearbeitung noch einige Zeit in Anspruch nehmen. Wir bitten Sie noch um etwas Geduld.

Wir wünschen Ihnen für Ihre weiteren Bemühungen viel Erfolg.

Wir bitten Sie, zu einem Vorstellungsgespräch am … um … zu uns zu kommen.

Da die Sichtung der Unterlagen noch einige Zeit in Anspruch nehmen wird, müssen wir Sie um etwas Geduld bitten.

Verbunden mit den besten Wünschen für Ihr weiteres berufliches Fortkommen verbleiben wir …

Wir danken Ihnen für Ihre Bewerbung vom … und für
das Interesse an einer Position in unserem Hause.

Vielen Dank für Ihre Bewerbung und das damit unserem Hause
entgegengebrachte Interesse.

Auf der Suche nach einem geeigneten Tätigkeitsfeld
wünschen wir Ihnen alles Gute!

Hiermit bestätigen wir den Erhalt Ihrer Bewerbungsunterlagen
und danken Ihnen für Ihre Bewerbung.

Nach Prüfung Ihrer Bewerbungsunterlagen möchten
wir Sie gerne zu einem Vorstellungsgespräch am … um …
in unserem Hause einladen.

Zu unserem Bedauern müssen wir Ihnen heute leider mitteilen,
dass wir uns bei der Besetzung der ausgeschriebenen Position
nach eingehender Prüfung und Beratung für einen anderen
Bewerber entschieden haben. Wir versichern Ihnen, dass diese
Entscheidung in keiner Weise eine Wertung Ihrer beruflichen
Qualifikation darstellt.

Hiermit teilen wir Ihnen mit, dass wir Ihre Bewerbung
in die engere Wahl genommen haben.

Die uns überlassenen Bewerbungsunterlagen schicken wir
Ihnen mit bestem Dank für Ihr Interesse zurück. Wir wünschen
Ihnen für Ihre berufliche Zukunft alles Gute und viel Erfolg.

Bitte bestätigen Sie uns umgehend den Termin
telefonisch.

Leider müssen wir Ihnen mitteilen, dass wir uns für einen
anderen Mitbewerber, der aufgrund seines Werde- und Berufsgangs genau unserer Stellenanforderung entspricht, entschieden
haben.

Nach Beendigung eines Arbeitsverhältnisses hat ein Arbeitnehmer Anspruch auf ein einfaches Arbeitszeugnis. Dieses beschreibt jedoch nur die Art und Dauer der Beschäftigung. Wenn man aber möchte, dass das Zeugnis zusätzlich noch Angaben über die Leistung und Führung enthält, dann sollte man auf ein qualifiziertes Zeugnis bestehen.

Zwar darf laut arbeitsrechtlicher Vorschrift kein Arbeitgeber ein negativ formuliertes Zeugnis ausstellen, doch wird für die Zeugnissprache ein gewisser ‚Code' verwendet. In dieser Art ‚Geheimsprache' können sich die Arbeitgeber untereinander mitteilen, was sie von dem Arbeitnehmer wirklich halten, z. B.:

Formulierung	Bedeutung
… hat die ihm übertragenen Aufgaben stets zu unserer vollsten Zufriedenheit erledigt.	*positiv, sehr gute Leistungen*
… hat die ihm übertragenen Aufgaben im Großen und Ganzen erledigt.	*negativ, die Leistungen waren eher mangelhaft*
… haben seine Leistungen unsere volle Anerkennung gefunden.	*positiv, gute Leistungen*
Sie bemühte sich …	*negativ, unzureichend*

49. Bewerten Sie die folgenden Formulierungen.

1. … hat sich im Rahmen seiner Fähigkeiten eingesetzt.
2. … haben seine Leistungen stets in jeder Hinsicht unsere volle Anerkennung gefunden.
3. Ihr Verhalten gegenüber Vorgesetzten und Mitarbeitern war jederzeit höflich und korrekt, hilfsbereit und freundlich.
4. … verfügte über das erforderliche Fachwissen.
5. … galt als umgänglicher Kollege.
6. … besaß ein hervorragendes, überdurchschnittliches und jederzeit verfügbares Fachwissen.
7. … hat sich bemüht unseren Erwartungen zu entsprechen.
8. … war den üblichen Belastungen gewachsen.
9. … hat in jeder Hinsicht und allerbester Weise unseren hohen Erwartungen entsprochen.
10. … zeigte für die ihm zugewiesenen Tätigkeiten Verständnis.

positiv: _____

negativ: _____

2.
Unternehmen und Produkte

Branchen

1. **Wer macht was? Ordnen Sie den Unternehmen die richtige Branche zu.**

Hoechst	weltweiter Marktführer für mobile PCs
Toshiba	eine internationale Fluggesellschaft
Degussa	der weltweit größte Hersteller von Kaugummis
Gardena	einer der weltweit größten Hersteller von Aminosäuren
Daimler-Crysler	ein Spezialist in Sachen Bewässerung
Lufthansa	ein Automobilhersteller
Wrigley's	ein Verbund innovativer Unternehmen, die zu den weltweit führenden Anbietern auf den Gebieten Gesundheit, Ernährung und industrielle Chemie zählen

2. **Welche Unternehmen aus den Bereichen Industrie, Handel und Dienstleistungen kennen Sie? Tragen Sie sie in die Tabelle ein.**

Dresdner Bank   *Thyssen*   *Quelle*   *Vobis*

Schwäbisch Hall   *BASF*   *Kaufhof*   *Preusen Elektra*

Deutsche Bahn AG   *Libri*

Hamburg-Mannheimer   *Aldi*   *British Airways*

Industrie	Handel	Dienstleistung

3. **Entwerfen Sie Visitenkarten. Ordnen Sie den angegebenen Unternehmen / Bereichen die entsprechenden Berufe zu. Erfinden Sie einen Namen sowie eine Firmenadresse und zeichnen Sie ein passendes Firmenlogo auf die Karte.**

Universitätsklinikum   *Digitalis Verlag*   *Frankfurter Bank*

Logo Sprachschulen GmbH   *Neue Zeitung*   *Psychologisches Institut*

Chemotec AG

Kursleiter/in   *Dipl.-Chemiker/in*   *Anzeigenleiter/in*

Pränataldiagnostiker/in   *Redaktion Deutsch*   *Dipl.-Psychologe*

Abteilungsdirektor/in – Geschäftsbereich Leasing

4. Die Sätze 1–9 stammen aus Geschäftsberichten. Überlegen Sie, zu welchem der genannten Unternehmen (a–c) die Sätze passen könnten.

a. **Bayer** ist ein diversifiziertes (= vielfältiges) internationales Unternehmen der chemisch-pharmazeutischen Industrie.

b. Die **Redland Braas Building Group** ist der weltweit größte Hersteller von Dach- und Schornsteinsystemen.

c. **Proctor & Gamble** gehört zu den führenden Konsumgüterherstellern der Welt.

1. Deutliche Zuwächse erzielten auch die Klebstoff-Rohstoffe der Dispercoll-Produktlinie.

   _____

2. Mit Laura Biagotti und Hugo Boss haben wir führende Produkte, die ihre Marktstellung ausbauen können.

   _____

3. Der Umsatz in den Bereichen Mikrografie und Kinefilm war infolge von Sortimentsreduzierung rückläufig.

   _____

4. Bei Dachsteinen ging der Absatz um 6,8 % zurück.

   _____

5. Demgegenüber hat das Waschmittel- und Haushaltsreinigergeschäft etwas an Boden verloren.

   _____

6. Für das Jahr … werden Umsatzzuwächse durch die Einführung einer völlig neuen Holzfenster-Generation sowie durch die Anfang 2… begonnene Einführung eines „Preiswertfensters" im In- und Ausland erwartet.

   _____

7. Gute Zuwachsraten erzielten insbesondere Babywindeln, Hygieneprodukte, Wäscheweichspülmittel, Zahnpflegeprodukte, Erkältungsmittel und Produkte im Bereich Kosmetik und Düfte.

   _____

8. Für das Jahr … ist in Deutschland erneut mit einem Marktrückgang bei Schornsteinsystemen zu rechnen.

   _____

9. Den Absatz von Perlon-Monofilen konnten wir im vergangenen Jahr vor allem dank großer Nachfrage im Bereich der Hochsee- und Sportfischerei steigern.

   _____

5. Unterstreichen Sie in den Sätzen der Übung 4 die Redemittel zur Umsatzentwicklung und ordnen Sie diese in die folgende Tabelle ein.

Redemittel ‚Umsatzentwicklung'

Umsatzrückgang ◆ Umsatzzuwachs ◆ Steigerung ◆ wachsen ◆ verringern ◆ steigern ◆ sinken

positive Umsatzentwicklung	negative Umsatzentwicklung
… verzeichnete man ein Umsatz-plus von …	… verringerte sich der Umsatz um …

Produktkategorien

Procter & Gamble gehört zu den führenden Konsumgüterherstellern der Welt mit Niederlassungen und Werken in 58 Ländern. Zirka 300 Markenartikel und Produktvariationen werden in mehr als 140 Ländern verkauft.

Umsatz nach Produktkategorien – 1994/95

17 % Schönheitspflegeprodukte
7 % Getränke
14 % Gesundheitspflegeprodukte
21 % Wasch- und Reinigungsmittel
41 % Papierprodukte

6. Ordnen Sie zuerst die Prozentzahlen (siehe oben) dem jeweiligen Kuchenstück zu und dann die folgenden Produkte den oben genannten Produktkategorien.

Ariel   Wick   Always   Bess
Fairy   Lenor   Rei
Clearasil Punica   Kukident   Dash   Camay
Luvs   Old Spice   Sanso
Oil of Olaz   Tempo
Fondril   Valensina   Blendax Anti Belag

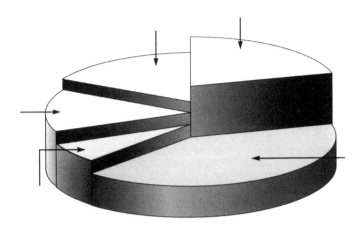

Standortfaktoren

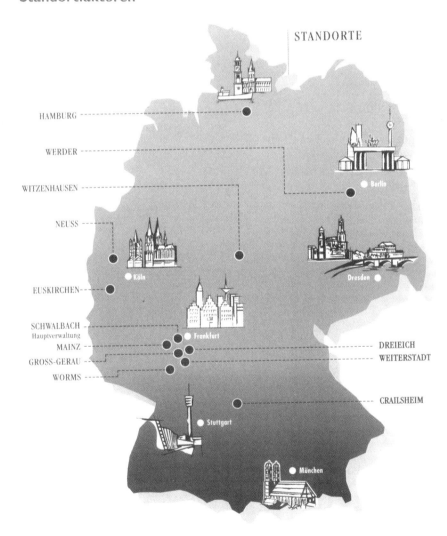

Deutschland ist der bedeutendste Procter & Gamble-Produktions-
standort in Europa.

7. **Welche Faktoren spielen bei der Standortwahl eines Wirtschafts-unternehmens eine wichtige Rolle? Wählen Sie aus und notieren Sie.**

Grundsteuer ◆ regionale Arbeitsmarktlage ◆ Wanderwege ◆ Kliniken ◆ ansässige Industrie ◆ Reizklima ◆ Autobahn-anbindung ◆ Gastronomie ◆ Sportstätten ◆ Ressourcen und Lieferanten ◆ Bevölkerungsstruktur ◆ günstige Zug-verbindungen ◆ kulturelles Angebot ◆ Wählerpotenzial ◆ Flughafennähe ◆ Kommunikationsnetz ◆ Energiekosten ◆ Landschaft

8. **Welche Faktoren könnten für Procter & Gamble für die Standort-wahl im Rhein-Main-Gebiet ausschlaggebend gewesen sein?**

Abkürzungen

9. **Was bedeuten die Abkürzungen?**

PC ◆ OHG ◆ CAD ◆ AOK ◆ HUK ◆ ISDN ◆ DAK ◆ GmbH ◆ LVM ◆ KG ◆ DTP

_____ Kommanditgesellschaft (a)
_____ Deutsche Angestellten-Krankenkasse (b)
_____ Integrated Services Digital Network (c)
_____ Gesellschaft mit beschränkter Haftung (d)
_____ computer aided / assisted design (e)
_____ Landwirtschaftliche Versicherungen Münster (f)
_____ Personalcomputer (g)
_____ Haftpflicht-Unterstützungs-Kasse kraftfahrender Beamter Deutschlands (h)
_____ Allgemeine Ortskrankenkasse (i)
_____ Desktop Publishing (j)
_____ offene Handelsgesellschaft (k)

10. **Ordnen Sie die Abkürzungen aus Übung 9 in die folgende Tabelle ein.**

Rechtsform von Unternehmen	Versicherungen	Computertechnik

Zur Firmenstruktur

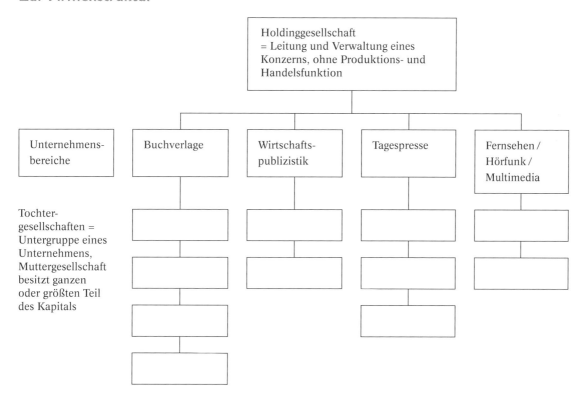

11. Tragen Sie die folgenden Firmen in das Organigramm ein.

Economic
London

Wirtschaft und Forschung
Dortmund

R. Müller Verlag
Frankfurt a. M.

Kult-Verlag
Berlin

Verlagsgruppe
Paul Muster GmbH
Musterstadt

Astor Verlag
Basel

EuroProduction
Wien

Brown-Libri-Company
New York

Main-Rundschau
Offenbach

Der Kurier
Musterstadt

Aktuelle Presse
Berlin

TV-Company
New York

12. Ergänzen Sie die Sätze mit den Informationen aus Übung 11.

- Die _____ ist eine Holding mit Sitz in Musterstadt.
- Zu ihren Unternehmensbereichen gehören: _____.
- Der Astor Verlag ist ein _____ mit Sitz in Basel.
- Die deutschen Tochtergesellschaften haben ihren Sitz
  in _____.

13. Ordnen Sie die folgenden Tätigkeiten den Unternehmensbereichen zu. Bilden Sie anschließend aus den Wortgruppen Sätze im Passiv.

Die Organisation im Unternehmen

Broschüren erstellen   Stellenanzeigen verfassen   Produkte entwerfen

Rechnungen bearbeiten   Bestand kontrollieren   Qualität kontrollieren

Abrechnungen kontrollieren   Briefe frankieren   Sendungen verpacken

Marktforschung betreiben   Kaffee kochen   Personal einstellen

Vorstellungsgespräche führen   Geschäftspartner betreuen

Post stempeln   Werbeaktionen planen   Briefe tippen

Marketing: *Broschüren erstellen* → *Broschüren werden erstellt. ...*

Personalabteilung: _____

Sekretariat: _____

Buchhaltung: _____

Poststelle: _____

Produktion: _____

Auslieferung: _____

14. Bilden Sie mit den angegebenen Verben und Präpositionen Sätze wie im Beispiel:

Entwicklung: *Man konzentriert sich auf Inhalte.*

Geschäftsleitung

Entwicklung	Produktion	Marketing	Personal-abteilung	Buchhaltung
Inhalte	Lieferanten	Kunden	Arbeitsklima	Fakten
Fehler	Mängel	Konkurrenz	Arbeitsplatz	Vorgaben
Versuche	Produktions-leitung	Werbe-kampagne	Kollegen	Computer

sich beschweren über   achten auf   sich beschäftigen mit

sich sorgen um   sich konzentrieren auf

beginnen mit   staunen über   sich ärgern über

sich bemühen um   sich halten an   sich kümmern um

sich vorbereiten auf   sich orientieren auf/an   sich gewöhnen an

sprechen mit / über

Das Wettrudern

Vor einiger Zeit verabredete eine deutsche Firma ein jährliches Wettrudern gegen eine japanische Firma, das mit einem Achter auf dem Main ausgetragen werden sollte.

Beide Mannschaften trainierten lange und hart, um ihre höchsten Leistungsstufen zu erreichen. Als der große Tag kam, waren beide Mannschaften topfit, doch die Japaner gewannen das Rennen mit einem Vorsprung von einem Kilometer. Nach dieser Niederlage war das deutsche Team sehr betroffen und die Moral war auf dem Tiefpunkt. Das obere Management entschied, dass der Grund für diese vernichtende Niederlage unbedingt herausgefunden werden musste. Ein Projektteam wurde eingesetzt, um das Problem zu untersuchen und um geeignete Abhilfemaßnahmen zu empfehlen. Nach langen Untersuchungen fand man heraus, dass bei den Japanern sieben Leute ruderten und ein Mann steuerte, während im deutschen Team ein Mann ruderte und sieben steuerten. Das obere Management engagierte sofort eine Beraterfirma (Arthur D. Little), die eine Studie über die Struktur des deutschen Teams anfertigen sollte.

Nach einigen Monaten und beträchtlichen Kosten kamen die Berater zu dem Schluss, dass zu viele Leute steuerten und zu wenige ruderten. Um einer weiteren Niederlage gegen die Japaner vorzubeugen, wurde die Teamstruktur geändert. Es gab jetzt vier Steuerleute, zwei Obersteuerleute, einen Steuerdirektor und einen Ruderer. Außerdem wurde für den Ruderer ein Leistungsbewertungssystem eingeführt, um ihm mehr Ansporn zu geben. „Wir müssen seinen Aufgabenbereich erweitern und ihm mehr Verantwortung geben." Im nächsten Jahr gewannen die Japaner mit einem Vorsprung von zwei Kilometern. Das Management entließ den Ruderer wegen schlechter Leistungen, verkaufte die Ruder und stoppte alle Investitionen für ein neues Boot. Der Beratungsfirma wurde ein Lob ausgesprochen und das eingesparte Geld wurde dem oberen Management ausgezahlt.

15. **Lesen Sie den Text „Das Wettrudern". Beschreiben Sie dann die Arbeitsweise des japanischen und des deutschen Teams.**

japanisches Team: _____

deutsches Team: _____

Lean Management bedeutet u. a.
- flache Hierarchien
- Teamarbeit
- Profit Centers (Unternehmen im Unternehmen)

16. **Auf welches Unternehmen im Text trifft diese Bezeichnung zu? Welche Vorteile hat diese Unternehmensorganisation? Und welche Nachteile hat demgegenüber die Unternehmensorganisation des anderen Teams?**

17. a. Was kann man machen? Verbinden Sie die Verben mit den passenden Nomen.

1.	einen Mitarbeiter	a.	einhalten
2.	einen Vertrag	b.	anmelden
3.	eine Sitzung	c.	überweisen
4.	einen Betrag	d.	ausführen
5.	ein Formular	e.	einstellen
6.	eine Bestellung	f.	vorbereiten
7.	Arbeitsplätze	g.	hinterlassen
8.	den Besuch	h.	unterschreiben
9.	den Kunden	i.	ausfüllen
10.	den Plan	j.	anrufen
11.	den Termin	k.	unterbieten
12.	die Konkurrenz	l.	aufnehmen
13.	eine Nachricht	m.	abbauen

b. Welche Verben sind trennbar, welche nicht? Markieren Sie.

18. Verbinden Sie die Adjektive mit den Verben zu sinnvollen Kombinationen.

-lich = unerschöpf*lich* in der Wortbildung!

beruflich   schriftlich   menschlich
  verständlich   persönlich
geschäftlich   wirtschaftlich   ordentlich   gründlich
    freundlich   herzlich   preislich

_____ kennen	_____ anvertrauen
_____ grüßen	_____ verreisen
_____ formulieren	_____ unterbieten
_____ fixieren	_____ reagieren
_____ antworten	_____ sich kleiden
_____ entwickeln	_____ informieren

19. Ergänzen Sie die passenden Präpositionen.

Ein arbeitsreicher Tag!

gegen   mit   zur
  zum   für   am   im   um   nach
über   beim   während   auf

_____ 9.00 Uhr im Büro ankommen.
_____ den Berufsverkehr schimpfen.
_____ den Kollegen Kaffee trinken.
_____ den Chef die Unterlagen bereitstellen.
_____ 10.00 Uhr ein Kundengespräch führen.

_____ Lieferanten fahren.

_____ München faxen.

_____ der Mittagspause Blumen besorgen.

_____ Büro die Sitzung vorbereiten.

_____ dem Postamt eine Paketsendung aufgeben.

_____ Firma wieder zurückfahren.

_____ Chef Urlaub beantragen.

_____ späten Abend nach Hause kommen.

20. Welches Modalverb passt? Ergänzen Sie.

Wir müssen, können, möchten, wollen, sollen und dürfen!

1. Ich hab für heute genug. Ich _____ nach Hause.
2. Ich _____ gern mit Herrn Müller sprechen.
3. _____ ich hier irgendwo kopieren?
4. _____ Sie Kaffee oder Tee?
5. Es ist schon 10.00 Uhr. Wir _____ anfangen.
6. _____ ich Ihnen einen Kaffee anbieten?
7. Ich _____ morgen verreisen, bitte besorgen Sie eine Fahrkarte.
8. Herr Meier _____ leider erst in einer Stunde hier sein.
9. Wir _____ heute noch Bescheid bekommen.
10. Wir _____ die Sendung stornieren, ist das möglich?
11. _____ Sie ihm etwas ausrichten?
12. In welcher Angelegenheit _____ Sie ihn sprechen?
13. Wann _____ ich Sie zurückrufen?
14. Er _____ seinen Besuch heute verschieben.
15. Was _____ ich für Sie tun?
16. Der Chef sagt, ich _____ am Wochenende arbeiten.
17. Wir _____ den Kunden mitteilen, dass die bestellte Ware nicht lieferbar ist.
18. Der Arzt meint, ich _____ mich schonen.
19. Hier _____ Sie nicht rauchen, das ist verboten.
20. Ich _____ ihn morgen besuchen, wenn es klappt.

21. Was klingt freundlicher? Kreuzen Sie bitte an. Begründen Sie Ihre Meinung.

Und immer schön freundlich am Telefon ...

1. a. Können Sie in einer Stunde noch mal anrufen?   ▨
   b. Dann müssen Sie eben in einer Stunde noch mal anrufen.   ▨

2. a. Ich will mit Herrn Schuster sprechen.   ▨
   b. Ich möchte mit Herrn Schuster sprechen.   ▨

3. a. Kann ich jetzt auch mal was sagen?   ▨
   b. Darf ich Sie kurz unterbrechen?   ▨

4. a. Könnten Sie dies nicht etwas zügiger bearbeiten?   ▨
   b. Sie sollten dies mal schneller erledigen.   ▨

5. a. Darf ich Sie darauf hinweisen, dass sich der
        Sachverhalt wie folgt verhält: ...
    b. Ich will Ihnen jetzt mal den Sachverhalt
        erklären: ...

6. a. Da muss ich vorher erst meine Chefin fragen.
    b. Ich möchte in dieser Angelegenheit noch einmal
        Rücksprache halten.

22. Das kann man alles auch etwas freundlicher formulieren. Schreiben Sie die Aussagen nach dem folgenden Schema um:

Sie hätten das Hotelzimmer buchen müssen.
Das Hotelzimmer hätte gebucht werden müssen.
(Passiv im Konjunktiv II)

1. Sie hätten den Termin bestätigen müssen.

    _____

2. Sie hätten das Päckchen abholen müssen.

    _____

3. Sie hätten die Unterlagen kopieren müssen.

    _____

4. Sie hätten die Rechnung bezahlen müssen.

    _____

5. Sie hätten das Einladungsschreiben rechtzeitig verschicken müssen.

    _____

6. Sie hätten die neuen Visitenkarten bestellen müssen.

    _____

7. Sie hätten Herrn Müller verständigen müssen.

    _____

8. Sie hätten den Tagungsraum reservieren müssen.

    _____

9. Sie hätten die Bestellung stornieren müssen.

    _____

23. Was passt zusammen? Ergänzen Sie die richtigen Verben.

1. bei der Firma Chemotec _____
2. sich bei einer Firma _____
3. eine Ausbildung _____
4. ein Telefonat _____
5. viel Geld _____
6. sich auf Computer _____
7. den Markt _____
8. Produktionsmaterial _____
9. neue Produkte _____
10. die Maschinen _____

arbeiten   beschaffen
machen   entwickeln
verdienen   bewerben
führen
beobachten   prüfen   spezialisieren

24. Welche Verben bezeichnen eine Initiative, eine Reaktion oder beides? Ordnen Sie zu.

äußern ◆ fragen ◆ bestätigen ◆ vorschlagen ◆ antworten ◆ entgegnen ◆ bezweifeln ◆ zustimmen ◆ einladen ◆ zugeben ◆ absagen ◆ widerlegen ◆ sagen ◆ berichten ◆ bitten ◆ bemerken ◆ beantragen ◆ erwidern ◆ vermuten

25. Was liegt im Büro herum? Bilden Sie passende Wortzusammensetzungen und ordnen Sie diese den abgebildeten Gegenständen zu.

Tasche	Schreiber	Zettel	Korb
Büro	Hefter	Büro	Kasten
Korrespondenz	Kalender	Ablage	Locher
Klemm	Spitzer	Tasche	Marke
Haftnotiz	Ordner	Kugel	Block
Brief	Brett	Bleistift	Rechner

26. Finden Sie für jede der folgenden Reihen einen passenden Oberbegriff.

Subaru / VW / Audi / Opel: _____
Ariel / Lenor / Omo / Perwoll: _____
Head & Shoulders / Shamtu / Timotei / Schauma: _____
Punica / Valensina / Hohes C / Granini: _____
Pampers / Luvs / Fixies / Moltex Ultra: _____
Manner / Sarotti / Ritter Sport / Suchard: _____
Colgate / Blend a-med / Signal / Dentagard / Theramed: _____
Aspirin / Spalt / Togal / Vivimed: _____
Puma / Reebok / Nike / Adidas: _____
Warsteiner / Licher / Jever / Bitburger: _____

27. Welche Aussagen sind identisch?

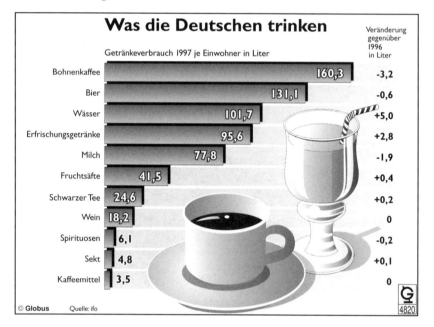

1 Bei den Getränken ist Bohnenkaffee unangefochtener
   Spitzenreiter.
2 Der beliebteste Durstlöscher ist Mineralwasser.
3 Tee wird im Vergleich zu Kaffee viel seltener getrunken.
4 Die Deutschen trinken lieber Mineralwasser als
   Erfrischungsgetränke.
5 Milch steht mit 77,8 Liter pro Kopf an fünfter Stelle.

A Die Deutschen greifen am liebsten zum Mineralwasser,
   um ihren Durst zu löschen.
B Der Anteil der Kaffeetrinker ist wesentlich höher als
   der der Teetrinker.
C Platz fünf nimmt die Milch ein.
D Bohnenkaffee liegt eindeutig an der Spitze.
E Mineralwasser steht in der Beliebtheitsskala noch vor
   den Erfrischungsgetränken.

Produkte – outdoorgerüstet, oder?

28. In den folgenden Produktbeschreibungen ist einiges durcheinander geraten. Setzen Sie die richtigen Formulierungen in die Lücken ein.

Twilight Shirts aus *alltäglicher* Baumwolle sind *rein*. In vier modischen Designs mit *federleichter* Aussage kommen sie daher. Sie sind ideal mit den Jacken und Hosen dieser Linie zu kombinieren. Das feine Cotton trägt sich *kurz* bei *angenehmen* und weniger alltäglichen Abenteuern. Mit *individuellen* Ärmeln wird aus dem Twilight Shirt das Hot Chilli, ein luftig-lässiges Hemd.

Twiligth Shirts aus _____ Baumwolle sind _____. In vier modischen Designs mit _____ Aussage kommen sie daher. Sie sind ideal mit den Jacken und Hosen dieser Linie zu kombinieren. Das feine Cotton trägt sich _____ bei _____ und weniger alltäglichen Abenteuern. Mit _____ Ärmeln wird aus dem Twilight Shirt das Hot Chilli, ein luftig-lässiges Hemd.

Tropic Jacke
Eingerollte, superleichte Microjacke, loses Netzfutter im Rücken sorgt für *attraktive* Belüftung. Geräumige Balgentaschen, *optimale* Kapuze im Kragen.

Tropic Jacke
_____, superleichte Microjacke, loses Netzfutter im Rücken sorgt für _____ Belüftung. Geräumige Balgentaschen, _____ Kapuze im Kragen.

Bike'n Hike
Gerne kopiert, nie erreicht: Bike'n Hike ist und bleibt das Original. In diesem Zelt finden *kleine* Radfahrer samt Drahteseln und Gepäck Platz, ohne sich in die Quere zu kommen. Der *langjährige* Aufbau durch das verbundene Gestänge und das Clip-System im Innenzelt, der stabile Zusatzbogen für das Vorzelt, die Lüftungsmöglichkeiten und der großzügige Eingang: jede Menge Argumente

für Bike'n Hike. Die *einfache* Erfahrung in der Konstruktion von Zelten aber, die erkennt man an den *zwei* Proportionen und an der gelungenen Kombination von Stabilität und Raumangebot. Und das kann man ruhig mit einem *gewählten* Fest in der Apsis feiern.

Bike'n Hike

Gerne Kopiert, nie erreicht: Bike'n Hike ist und bleibt das Original. In diesem Zelt finden _____ Radfahrer samt Drahteseln und Gepäck Platz, ohne sich in die Quere zu kommen. Der _____ Aufbau durch das verbundene Gestänge und das Clip-System im Innenzelt, der stabile Zusatzbogen für das Vorzelt, die Lüftungsmöglichkeiten und der großzügige Eingang: jede Menge Argumente für Bike'n Hike. Die _____ Erfahrung in der Konstruktion von Zelten aber, die erkennt man an den _____ Proportionen und an der gelungenen Kombination von Stabilität und Raumangebot. Und das kann ruhig mit einem _____ Fest in der Apsis feiern.

HARD ROCK   HARD ROCK
RÜCKEN

Hard Rock

Ein *flacher* Klassiker, der durch die jüngste Überarbeitung noch mehr an Funktionalität gewonnen hat. Die seitlichen Kompressionsriemen machen den Rucksack beim Klettern auf Wunsch *lästig* und ziehen ihn *echt* an den Rücken. Die Eisgeräteschlaufen sind mit *flach* bedienbaren Hebel-Klemmschnallen ausgestattet. Alle Funktionsriemen können ‚aufgeräumt', verborgen oder zurückgeschlauft werden. Da gibt es kein *schlankes* Baumeln oder Hängenbleiben mehr. Der Hard Rock 30 hat einen durchgehenden Innenraum, für Kleinutensilien ist Platz in der Deckeltasche und im *schnellen* Frontfach.

Hard Rock

Ein _____ Klassiker, der durch die jüngste Überarbeitung noch mehr an Funktionalität gewonnen hat. Die seitlichen Kompressionsriemen machen den Rucksack beim Klettern auf Wunsch _____ und ziehen ihn _____ an den Rücken. Die Eisgeräteschlaufen sind mit _____ bedienbaren Hebel-Klemmschnallen ausgestattet. Alle Funktionsriemen können ‚aufgeräumt', verborgen oder zurückgeschlauft werden. Da gibt es kein _____ Baumeln oder Hängenbleiben mehr. Der Hard Rock 30 hat einen durchgehenden Innenraum, für Kleinutensilien ist Platz in der Deckeltasche und im _____ Frontfach.

29. Ergänzen Sie -lich, -reich, -isch, -ig oder -voll. Achten Sie auch auf die richtige Kasusendung.

Der Gartenzwerg
Journal für Garten
und Natur

Frau
Monika Muster
Musterstr. 11
12121 Musterstadt

Nürnberg, 22.05.xx

Sehr geehrte Frau Muster,

Sie möchten erfolg_____ und biolog_____ Obst, Gemüse
und Blumen anbauen?
   Wir zeigen Ihnen, wie es richt_____ geht!
   Anhand von anschau_____ Beispielen, prakt_____ Tipps
und vielen farb_____ Abbildungen helfen wir Ihnen beim
biolog_____ Gärtnern.
   Auf synthet_____ Dünger, auf chem_____ Mittel zur
Unkraut- und Schädlingsbekämpfung werden Sie schon bald
verzichten können.
   Überzeugen Sie sich selbst, von den nütz_____ und
hilf_____ Hinweisen und den vielen Vorteilen, die Ihnen das
vierteljähr_____ erscheinende Journal bietet.
   Bestellen Sie am besten noch heute diesen wert_____
Ratgeber für Gartenfreunde.

Mit freundlichen Grüßen

Verena Urlaubsfrau
Verena Urlaubsfrau
Vertriebsabteilung

30. Formen Sie die Partizipialkonstruktionen in Relativsätze um, wie im Beispiel angegeben.

Beispiel:
Die Qualität der von Ihrer Firma produzierten Artikel entspricht unseren Vorstellungen.
Die Qualität der Artikel, die Ihre Firma produziert, entspricht unseren Vorstellungen.

Das von Ihnen erstellte Angebot hat uns nicht überzeugt.

_____

Die von Ihnen gelieferte Ware ist leider beschädigt.

_____

Die immer stärker werdende Nachfrage führt zu einer Umsatzsteigerung.

_____

Unser auf der Messe vorgestelltes Produkt fand großen Anklang.

_____

Das von Ihnen gewünschte Muster legen wir zur Ansicht bei.

_____

Unsere vor vier Wochen durchgeführte Kundenumfrage hat zu interessanten Ergebnissen geführt.

_____

Die von der Firma Allesgut geplante Werbeaktion wird nicht durchgeführt.

_____

31. Welche Adjektive passen zu welchen Nomen? Ergänzen Sie die Lücken.

preiswert / teuer	_____ der Standort
langsam / schnell	_____ die Firma
interessant / uninteressant	_____ der Chef
groß / klein	_____ das Gehalt
kurz / lang	_____ das Produkt
kompetent / inkompetent	_____ die Arbeit
überfordert / unterfordert	_____ der Umsatz
hoch / niedrig	_____ der Anfahrtsweg
günstig / ungünstig	_____ das Wachstum
gestiegen / gefallen	_____ der Mitarbeiter

32. Wo findet man Werbung? Ergänzen Sie bitte die Tabelle.

auf	in	an
T-Shirt	...	...

33. Im folgenden Text fehlen die Präpositionen. Ergänzen Sie bitte:
an, auf, in, über **oder** *unter.*

Werbung _____ Litfaßsäulen, _____ Plakatwänden, _____ Fuß-
ballstadien, _____ Straßenbahnen, _____ Bahnhöfen, _____
Kleidungsstücken – das alles ist schon bekannt und nicht mehr neu.
    Gefragt sind heutzutage außergewöhnliche Werbeflächen. Wer-
bung, die nicht nur _____ Auge fiel, sondern auch _____ Auge
ging, bot z. B. die Sportartikelfirma ‚Puma' während der Olympi-
schen Spiele in Atlanta. Der Sprinter Linford Christie trug puma-
förmige Kontaktlinsen und provozierte damit heftige Diskussionen
um werbliche Nutzflächen.
    Ob _____ Äpfeln, gekochten Eiern, Fahrradspeichen oder Zapf-
pistolen, die Möglichkeiten der Platzierung dieser so genannten
‚eye-catcher' scheinen aber bei weitem noch nicht ausgeschöpft.
    Große Flächen in Form von Hausdächern, kleine Kreationen
_____ Fingernägeln, Werbung _____ Wasser und _____ der
Luft – einfallsreichen Produktmanagern bleibt noch viel Raum,
ihre Botschaften _____ Volk zu bringen.

34. Betrachten Sie die Grafik über den Verbrauch von Pflegemitteln.
Setzen Sie dann die Satzteile 1–6 und a–f zusammen.

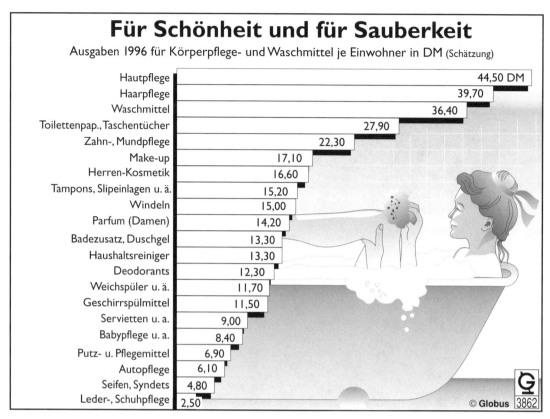

Für Schönheit und für Sauberkeit

Ausgaben 1996 für Körperpflege- und Waschmittel je Einwohner in DM (Schätzung)

Hautpflege	44,50 DM
Haarpflege	39,70
Waschmittel	36,40
Toilettenpap., Taschentücher	27,90
Zahn-, Mundpflege	22,30
Make-up	17,10
Herren-Kosmetik	16,60
Tampons, Slipeinlagen u. ä.	15,20
Windeln	15,00
Parfum (Damen)	14,20
Badezusatz, Duschgel	13,30
Haushaltsreiniger	13,30
Deodorants	12,30
Weichspüler u. ä.	11,70
Geschirrspülmittel	11,50
Servietten u. a.	9,00
Babypflege u. a.	8,40
Putz- u. Pflegemittel	6,90
Autopflege	6,10
Seifen, Syndets	4,80
Leder-, Schuhpflege	2,50

© Globus 3862

1. Die Ausgaben für Haarpflege lagen … ▪
2. Der geringste Teil der Ausgaben entfiel dabei … ▪
3. Die Ausgaben für Hautpflege lagen … ▪
4. Insgesamt hatten die Produkte zur Körperpflege … ▪
5. Für Hygieneprodukte waren die Ausgaben niedriger … ▪
6. 1996 gaben die deutschen Verbraucher … ▪

a. … durchschnittlich lediglich 6,10 DM für Autopflege aus.
b. … als für Wasch-, Spül- und Reinigungsmittel.
c. … dicht hinter den Ausgaben für Hautpflege.
d. … auf Produkte zur Leder- und Schuhpflege.
e. … mit 44,50 DM an der Spitze.
f. … den höchsten Anteil.

35. Zu welchen Produkten könnten die Werbeslogans passen?

Lust auf Natur
Machen Sie den Test!
Wir fördern Zukunft!
Sehen. Fahren. Mehr erleben.
Der echte Russe
Schlichtheit bedeutet bei uns Anspruch
Zuverlässig in der Wirkung, gut im Geschmack
Für den besonderen Lebensstil
Ihre Sicherheit. Ihre Zukunft. Ihr Leben.

36. Was passt wohin? Tragen Sie die Adjektive in die Tabelle ein.

bequem abenteuerlich köstlich gesund sparsam
preiswert zuverlässig umweltschonend natürlich
lecker sicher frisch sportlich
elegant strapazierfähig delikat hautverträglich
modern funktionell herzhaft zuverlässig
verführerisch leistungsstark ergiebig

Autos	Essen und Trinken	Kleidung	Körperpflege

37. Ergänzen Sie die richtigen Kasusendungen.

Werbesprüche

1. Denn mit sein_____ luxuriösen Serienausstattung tut er alles, damit es Ihnen unterwegs an nichts fehlt.
2. Zeit in ihr_____ schönsten Form.
3. Gemeinsam auf sicher_____ Kurs.
4. Ein kostenlos___ Privatkonto gehört dazu.
5. Mit ein_____ blauen Quadrat: Noch mehr Stärke, noch mehr Service.
6. Ein neu_____ Zeitalter in der Automobilindustrie hat begonnen.
7. In all_____ Bescheidenheit: Über diese neue Kamera kann man nur in Superlativen reden.
8. Schnell_____ und günstig_____ Baugeld.
9. Das ist der Kugelfüller mit versenkbar_____ Clip, mit dem man unbeschreiblich flüssig und präzise schreiben kann.
10. Ihr neu_____ Business Class Service: Schneller vom Flugzeug zum Fahrzeug.

38. Welche Werbeslogans beinhalten Gesundheits- und Umweltschutzaspekte?

Umwelt und Gesundheit – ja, bitte!

1. Innovative Technik nimmt die schönsten Formen an.
2. Die Welt gehört dem, der sie genießt.
3. Jeder Tropfen zählt.
4. Farbe verleiht Flügel.
5. Natürlich im Geschmack.
6. Im Prinzip ist unser Baustoff ein Grüner.
7. Ein ergiebiges Spülmittel schont nicht nur Ihr Portmonee.
8. Die neue Freiheit an stärkeren Tagen.
9. Wir machen den Weg frei.
10. Ob groß, ob klein – kontrolliert müssen sie sein.
11. Ich will Pflege, die meine Haut schützt. Aber nur, wenn die Natur nicht darunter leidet.
12. Lieber trocken trinken als trocken feiern.
13. Zeit in ihrer schönsten Form.
14. Glänzend. BIO-Spülen bei 50° C.
15. Machen Sie Ihren Po zur Kusszone.
16. pH-Gleichgewicht und Ihre Zähne haben vorgesorgt.
17. Ein bisschen Luxus muss sein.
18. Das ideale Auto, um in die Stadt zu fahren.
19. Mehr als ein Hauch von Natur.
20. Der Heckenschnitt ohne Muskelkater.

39. Überzeugen Sie die Leute mit kurzen Werbeslogans davon, auf ihr Auto zu verzichten.

Autos verpesten die Umwelt!
…

Produkt, Unternehmen, Mitarbeiter

40. Ergänzen Sie die passenden Adjektive.

Was passt?

ein Produkt ist	ein Chef ist	eine Firma ist…
…	…	…

frisch ◆ *solvent* ◆ *seriös* ◆ *preiswert* ◆ *farbecht* ◆ *innovativ* ◆
international ◆ *teuer* ◆ *freundlich* ◆ *pflegeleicht* ◆ *marktführend* ◆
cholerisch ◆ *diplomatisch* ◆ *kommunikativ* ◆ *benutzerfreundlich*
◆ *bankrott* ◆ *autoritär* ◆ *intelligent* ◆ *ökologisch orientiert* ◆
teambewusst ◆ *kalorienarm*

41. **Tragen Sie die Nomen in die Tabelle ein: Was ist positiv für ein Unternehmen, was negativ?**

positiv	negativ

Teamarbeit ◆ *Kontakte* ◆ *Passivität* ◆ *Kontrolle* ◆ *Kosten-explosion* ◆ *Identifikation* ◆ *Visionen* ◆ *Flexibilität* ◆ *Hierarchie* ◆ *Fachkompetenz* ◆ *Informationsfluss* ◆ *Transparenz* ◆ *Egoismus* ◆ *Zielorientierung* ◆ *Kooperation* ◆ *Kreativität* ◆ *Konkurrenz* ◆ *Motivation* ◆ *Verantwortungsgefühl* ◆ *Qualitätsverlust* ◆ *Gleich-gültigkeit*

42. **Verbinden Sie die folgenden Sätze mit *weil* oder *obwohl* entsprechend dem Beispiel.**

Herr Fleißig arbeitet.
Er ist krank.
Es macht ihm Spaß.
Herr Fleißig arbeitet, obwohl er krank ist.
Herr Fleißig arbeitet, weil es ihm Spaß macht.

Die Firma ist bankrott,

1. Die Mitarbeiter haben schwer gearbeitet.

2. Die Geschäfte liefen bis vor kurzem noch gut.

3. Die Lieferanten lieferten nicht pünktlich.

4. Die Konkurrenz hat bessere Produkte.

5. Die Firma hatte einen guten Ruf.

6. Die Nachfrage sank rapide.

7. Die Werbekampagne kam gut an.

8. Die Firmenleitung hatte sich hoch verschuldet.

Der Mitarbeiter wurde eingestellt. 1. Er hat gute Beziehungen.

_____

2. Er ist nicht mehr der Jüngste.

_____

3. Er hat viel Berufserfahrung.

_____

4. Er hat nicht studiert.

_____

5. Er ist flexibel einsetzbar.

_____

6. Er hat kein gutes Zeugnis.

_____

Das Produkt verkauft sich gut. 1. Es ist sehr teuer.

_____

2. Es ist von guter Qualität.

_____

3. Es entspricht nicht dem Modetrend.

_____

4. Es ist praktisch.

_____

5. Es ist umweltverträglich.

_____

6. Die Konkurrenz bietet vergleichbare Produkte.

_____

43. Welche Adjektive verbergen sich in den Verben? Schreiben Sie auch die zu den Verben gehörenden Nomen auf.

betreuen	treu	Betreuung
berichtigen	...	...
erhöhen		
erweitern		
verlängern		
versichern		
verkürzen		
verteuern		
verschärfen		
verschlechtern		

44. Welche Verben, Adjektive oder Nomen aus Übung 43 passen in die folgenden Sätze?

Die Kunden der Firma Chemotec werden rund um die Uhr

_____.

Im nächsten Jahr gibt es eine Gehalts _____.

Die Produktpalette wurde _____.

Die Firma hat die Frist _____.

Die _____ zahlt die geforderte Schadenssumme.

Die Arbeitszeit wird im nächsten Quartal _____.

Die Ausgaben für den Versand haben sich _____.

Die Firmenverkäufe haben zu einer _____ des

Arbeitsklimas geführt.

45. Bilden Sie sinnvolle Sätze wie in den vorgegebenen Beispielen.

seit + Dativ
die Besprechung: *Seit der Besprechung ist einiges klarer geworden.*

die Präsentation der neuen Produkte: _____

die Werbekampagne: _____

der Kursverfall: _____

der Vertragsabschluss: _____

von + Dativ
Anstellungsvertrag / die Personalchefin: *Von der Personalchefin habe ich einen Anstellungsvertrag erhalten.*

Bargeld / der Kassierer: _____

Antrag / die Sachbearbeiterin: _____

Gutachten / die Experten: _____

Spritze / die Krankenschwester: _____

Bildmaterial / die Fotoagentur: _____

während + Genitiv
die gestrige Besprechung: *Während der gestrigen Besprechung kam es zu Unstimmigkeiten.*

das interessante Seminar: _____

die tägliche Mittagspause: _____

das wichtige Telefongespräch: _____

der lange Flug: _____

die regelmäßigen Sprechzeiten: _____

wegen + Genitiv
die hohen Produktionskosten: *Wegen der hohen Produktionskosten steigen die Preise.*

die sinkende Auftragslage: _____

die günstigen Konditionen: _____

die große Nachfrage: _____

die beschädigte Lieferung: _____

46. **Zustimmung, Zweifel oder Ablehnung? Tragen Sie die Äußerungen 1–12 in die Tabelle ein. Kennen Sie dafür noch weitere Redemittel?**

Zustimmung	Zweifel	Ablehnung

1. Hier bin ich keineswegs Ihrer Ansicht.
2. Da bin ich ganz Ihrer Meinung.
3. Das möchte ich infrage stellen.
4. Da muss ich widersprechen.
5. Das kann man doch so nicht sagen.
6. Unter keinen Umständen kann ich dem zustimmen.
7. Hier möchte ich zu Bedenken geben, …
8. Das sehe ich genauso.
9. Das kann ich bestätigen.
10. Das halte ich für problematisch.
11. Das sehe ich aber ganz anders.
12. Folgenden Einwand möchte ich jedoch erheben: …

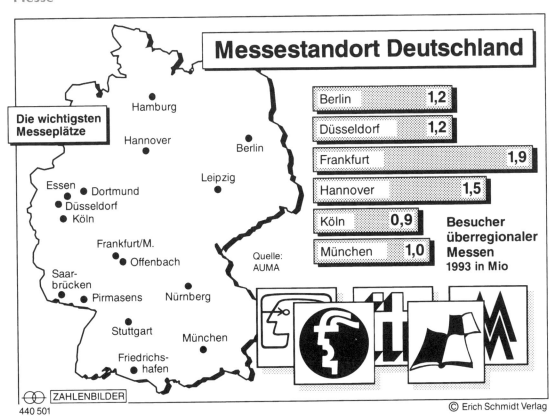

47. Welche Messe findet wo statt? Ordnen Sie die Standorte den Messen zu.

Frankfurt ◆ Köln ◆ Offenbach ◆ Düsseldorf ◆ Berlin ◆ München ◆ Hannover

Buchmesse: _____

CeBit: _____

Internationale Automobil-Ausstellung: _____

Handwerksmesse: _____

Internationale Bootsausstellung: _____

ANUGA (Verbrauchsgütermesse): _____

Funkausstellung: _____

Internationale Lederwarenmesse: _____

48. Ordnen Sie die Berufe den Messen zu.

Wer geht wohin?

Metallbauer
Autor Segelmacher Autohändler Zimmerer Programmierer
Schulbuchredakteur Fliesenleger Buchhändler Schiffsmechaniker
Kraftfahrzeugelektroniker Lehrer Bootsbauer
Tischler
Grafiker Konstruktionsmechaniker Dipl.-Informatiker
Lektor
Kommunikationselektroniker

1. International: _____

2. Buchmesse: _____

3. CeBit: _____

4. Internationale Bootsausstellung: _____

5. Interschul / Bildungsmesse: _____

6. Handwerksmesse: _____

49. Ergänzen Sie die Sätze mit den passenden Verben.

Wer auf einer Messe vertreten ist bzw. eine Messe besucht,
der möchte

1. seine neuen Produkte und Dienstleistungen _____.
2. möglichst viele und neue Geschäfte _____.
3. Marktforschung _____.
4. neue Kunden _____.
5. sich über neue Produkte und Trends _____.
6. die Konkurrenz _____.
7. persönliche Kontakte _____.
8. Händler und Vertriebsgesellschaften _____.
9. einen Marktüberblick _____.
10. Produktionsaufträge _____.

*informieren ◆ betreiben ◆ beobachten ◆ werben ◆ bekommen ◆
knüpfen und pflegen ◆ abschließen ◆ vorstellen ◆ suchen ◆
erhalten*

50. Tragen Sie die passenden Begriffe in die Lücken ein.

Innovationen und Impulse für die Zukunft
Mehr als 400 _____ (1) präsentieren fünf Tage im Messezentrum
Westfalenhalle Dortmund Unterrichtsmedien, neue Ideen und
Konzepte, Lehr- und Lernmittel für Schule, Aus- und Weiterbildung.
   Die Bildungslandschaft in einem vereinten Europa verlangt inno-
vative _____ (2) und Ideen fürs Lehren und Lernen. Die 17. Euro-
päische Bildungsmesse Interschul '98 stellt das Gesamt-Spektrum

der beruflichen und schulischen Aus- und Weiterbildung auch unter
dem Aspekt des europäischen _____ (3) umfassend dar.

Die ausbildende _____ (4) sowie das qualifizierende Gewerbe
werden noch stärker in die Interschul '98 eingebunden.

Aufgrund ihrer Konzeption vermittelt die Interschul '98 allen, die
sich mit _____ (5) beschäftigen, den kompletten Überblick. Sie
ist – mit folgenden _____ (6) – umfassender, informativer und viel-
seitiger als je zuvor: _____, _____, _____, _____, _____,
_____ (7).

(1) a. Teilnehmer   b. Aussteller   c. Mitglieder

(2) a. Geschäfte   b. Kontakte   c. Konzepte

(3) a. Umsatzes   b. Binnenmarktes   c. Platzes

(4) a. Wirtschaft   b. Politik   c. Gewerkschaft

(5) a. Technik   b. Werbung   c. Bildung

(6) a. Möglichkeiten   b. Schwerpunkten   c. Gelegenheiten

(7) a. Allgemeinbildendes und berufliches Schulwesen
     b. Fertigungstechnik und Automatisierung
     c. Belletristik und Sachbuch
     d. Touristik und Camping
     e. Bildungs- und Bildungsmittelberatung
     f. Neue Technologien in Ausbildung und Unterricht
     g. Büro- und Informationstechnik
     h. Kunsthandwerk und Kunstgewerbe
     i. Einrichtung und Ausstattung für das Bildungswesen
     j. Landkarten und Reiseführer
     k. Erwachsenenbildung
     l. Berufliche Aus- und Weiterbildung in Betrieben
         und Ausbildungsstätten

3.
Verkauf und Logistik

Brieftypen

1. Ordnen Sie die folgenden Satzteile aus Geschäftsbriefen den entsprechenden Brieftypen zu.

1. Wir danken Ihnen für Ihr Angebot und bestellen …
2. Es gelten die allgemeinen Lieferbedingungen.
3. Wir bitten um sofortige Bestätigung unseres Auftrags.
4. Bitte senden Sie uns ein Angebot mit Mustern für folgende Artikel: …
5. Über einen Auftrag würden wir uns sehr freuen.
6. Wir benötigen ausführliche Angaben über Lieferzeiten, Preise, Liefer- und Zahlungsbedingungen.
7. Bitte senden Sie uns so bald wie möglich ein unverbindliches Angebot.
8. Wir danken Ihnen für Ihren Auftrag, den wir wie folgt notiert haben: …
9. Alle nötigen Angaben finden Sie in beiliegender Rechnung.
10. Hiermit bestätigen wir Ihnen Ihren Auftrag …
11. Bitte überweisen Sie den Rechnungsbetrag auf folgendes Konto: …
12. Gerne unterbreiten wir Ihnen folgendes Angebot: …
13. Wir werden Ihren Auftrag wie folgt ausführen: …

Anfrage: _____

Angebot: _____

Auftrag: _____

Auftragsbestätigung: _____

Rechnung: _____

„Kleingedrucktes" bzw. „Schwierige Fachsprache"

2. Lesen Sie die folgenden Auszüge aus Geschäftsbedingungen. Unterstreichen Sie die für diese Textsorte typischen Partizipien I + II sowie die Nominalisierungen mit Präpositionen und tragen Sie sie in die Tabelle ein.

aus den Geschäftsbedingungen

1. Aufträge werden ausschließlich auf der Grundlage nachfolgender Bedingungen ausgeführt. Mündliche Abmachungen und abweichende Regelungen bedürfen der Schriftform.

2. Die im Angebot des Auftragnehmers genannten Preise gelten unter dem Vorbehalt, dass die der Angebotsabgabe zugrunde gelegten Auftragsdaten unverändert bleiben.

3. Nachträgliche Änderungen auf Veranlassung des Auftraggebers einschließlich des dadurch verursachten Maschinenstillstandes werden dem Auftraggeber berechnet.

4. Bei außergewöhnlichen Vorleistungen kann angemessene Vorauszahlung verlangt werden.

5. Ist die Erfüllung des Zahlungsanspruches wegen einer nach Vertragsschluss eingetretenen oder bekannt gewordenen Verschlechterung der Vermögensverhältnisse des Auftraggebers gefährdet ...

6. Bei Zahlungsverzug sind Verzugszinsen in Höhe von 2 % über dem jeweiligen Diskontsatz der Deutschen Bundesbank zu zahlen.

7. Der Versand erfolgt auf Rechnung und Gefahr des Auftraggebers.

8. Die gelieferte Ware bleibt bis zur vollständigen Bezahlung Eigentum des Auftragnehmers.

9. Fernmündlich aufgegebene Änderungen bedürfen der schriftlichen Bestätigung durch den Auftraggeber.

10. Bei berechtigten Beanstandungen ist der Auftragnehmer nach seiner Wahl unter Ausschluss anderer Ansprüche zur Nachbesserung und / oder Ersatzlieferung verpflichtet.

11. Mängel eines Teils der gelieferten Ware berechtigen nicht zur Beanstandung der gesamten Lieferung.

12. Verträge über regelmäßig wiederkehrende Arbeiten können nur mit einer Frist von mindestens 3 Monaten zum Schluss eines Monats gekündigt werden.

Partizip I + II	Nominalisierungen mit Präpositionen
verursachten Maschinenstillstandes	*auf Veranlassung*

3. Setzen Sie die folgenden Satzteile richtig zusammen.

Frau Albert hat sich bei der Firma Foto-Klick beschwert, da sämtliche Diafilme bei der Entwicklung zerstört wurden.
    Die Firma Foto-Klick antwortet auf die schriftliche Reklamation wie folgt:

1. Ihre Enttäuschung darüber,
2. Gerne hätten wir hierzu eine Stellungnahme abgegeben,
3. Wir bitten Sie daher,
4. Sobald die Unterlagen vorliegen,
5. Nicht unerwähnt möchten wir jedoch lassen,
6. Wir bedauern diesen Vorfall sehr

a. uns noch einmal Kopien des bisherigen Schriftverkehrs sowie die betreffenden Diafilme einzusenden.
b. werden wir den Vorgang noch einmal überprüfen.
c. und werden Ihnen umgehend Bescheid zukommen lassen.
d. jedoch haben wir im Augenblick zu den entsprechenden Unterlagen keinen Zugriff.
e. dass das Filmmaterial beschädigt wurde, können wir gut verstehen.
f. dass wir laut unserer Garantiebedingungen bei Beschädigung oder Verlust durch unser Labor nur verpflichtet sind, den Materialwert zu ersetzen.

4. Welche Sätze haben die gleiche Bedeutung?

1. Es tut uns Leid, dass sich unsere Lieferung verzögert hat.
2. Wir hoffen auf weiterhin gute Geschäftsbeziehungen und verbleiben …
3. Eine kostenlose Ersatzlieferung geht Ihnen in den nächsten Tagen zu.
4. Wir bedauern die Verzögerung der Lieferung außerordentlich.
5. Bei einer erneuten Prüfung ergaben sich bedauerlicherweise technische Schwierigkeiten.
6. Wir hoffen, dass Sie mit unserem Vorschlag einverstanden sind.
7. Aufgrund dieser Verzögerung gewähren wir Ihnen einen Preisnachlass von 15 %.
8. Selbstverständlich senden wir Ihnen Ersatz für die beschädigte Ware.
9. Unsere Untersuchungen haben gezeigt, dass bei unserer letzten Lieferung leider einige technische Probleme aufgetreten sind.
10. Wir möchten die Angelegenheit gerne zu Ihrer Zufriedenheit regeln und bieten Ihnen an …
11. In der Hoffnung, dass wir Sie auch zukünftig zu unserem Kundenkreis zählen dürfen, verbleiben wir …
12. Obwohl wir laut unserer Geschäftsbedingungen nicht dazu verpflichtet sind, kommen wir Ihnen gerne entgegen und bieten Ihnen einen Preisnachlass für die gesamte Lieferung an.

5. Setzen Sie die passenden Begriffe ein.

Und ab geht die Post ...

Immer mehr Pakete, Waren und Dokumente wollen Tag für Tag _____ (1) werden. Jährlich setzen Kurier-, Express- und Paketdienste (KEP) sowie die Post damit knapp 18 Milliarden Mark um. Und der schrittweise Wegfall des Postmonopols verspricht für die privaten _____ (2) weitere Zuwächse.

Ab 1998 können diese bereits Briefe _____ (3), die mehr als 200 Gramm schwer sind. Damit einher geht der Kampf um den _____ (4) und um neue Serviceangebote.

_____ (5) kann dabei der private Verbraucher, der bislang nur wenige Alternativen zur Post besaß. Trotz schnellerer Lieferung der privaten Anbieter liegt der Posttarif jedoch derzeit noch unter dem vieler Privatkuriere. Hermes, German Parcel (GP) und der Deutsche Paketdienst (DPD) hingegen haben schon reagiert und bieten entsprechend günstige _____ (6).

Die Post kontert mit ihrem neuen Service Free Way. Pakete werden direkt – pro Stück 5 DM – an der Haustür abgeholt. Mit ihrem dichten _____ (7) von Ämtern und Agenturen ist sie zudem gegenüber der preiswerten und sehr schnellen _____ (8) von DPD und GP noch im Vorteil.

Paketshops, in denen die Kunden ihre Ware abgeben, sind hier noch rar. Doch sind die Planungen von zukünftigen Annahmestellen schon längst auf dem Tisch. Auch UPS setzt mehr und mehr auf die Privatkunden. Mit rot-weißen Serviceboxen – Paketkästen nach amerikanischem Vorbild – will man der Post Paroli bieten. Letztere muss sich dann sputen dagegenzuhalten, denn nicht zuletzt ihr eher negatives _____ (9) kommt ihr dabei nicht zugute.

Dem gelben Riesen _____ (10) die Geschäftsleute – so die Ergebnisse von Marktumfragen – bei Pünktlichkeit, Sicherheit, Zuverlässigkeit oder Flexibilität nur befriedigende oder ausreichende Noten, während die privaten Dienste sehr gute oder gute Beurteilungen kassieren.

(1) a. strukturiert   b. transportiert   c. organisiert

(2) a. Klienten   b. Kunden   c. Anbieter

(3) a. bekommen   b. befördern   c. verkaufen

(4) a. Kunden   b. Lieferanten   c. Verkäufer

(5) a. verlieren   b. profilieren   c. profitieren

(6) a. Attraktionen   b. Ambitionen   c. Konditionen

(7) a. Programm   b. Gebiet   c. Netz

(8) a. Förderung   b. Beförderung   c. Produktion

(9) a. Ergebnis   b. Image   c. Produkt

(10) a. präferieren   b. attestieren   c. votieren

Welthandel – Just in Time

Der weltweite Gütertransport gewinnt im wirtschaftlichen Wandel
unserer Zeit immer mehr an Bedeutung. Der Frachter – das ist heute
nicht mehr nur das Transportschiff, das wochenlang über die Welt-
meere steuert –, sondern auch der Jumbo Jet, der bis zu 100 Tonnen
5 Fracht in einem halben Jahr von Hongkong nach Frankfurt bringt.
Aufgrund der Entwicklung der Weltmärkte erwarten Experten bis zum
Jahr 2005 eine jährliche Zunahme der Luftfracht um 6,3 Prozent. Die
von Unternehmen besonders gefragte Expressbeförderung von Haus zu
Haus wird sogar deutlich stärker anwachsen.
10   Der wirtschaftliche Wandel stimuliert den globalen Jet-Transport:
Seit Hightech-Produkte den Welthandel prägen, steigt – im Verhältnis
zu ihrem Gewicht – der Wert der Güter. Die Beförderungszeit bindet
damit zunehmend Kapital. Schnelle Luftfracht spart Kosten, die unter
anderem aus der Kapitalbindung während des Transports entstehen.
15 Darüber hinaus werden im schärfer werdenden Wettbewerb der Indus-
trieländer auch Hightech-Produkte in immer kürzeren Zeiten vermark-
tet. Die Transportzeit spielt für den Erfolg des Produktes eine entschei-
dende Rolle.
       Die Auftraggeber verlangen von dem Zeit sparenden Transportsystem
20 zweifache Qualität: Erstens, die zuverlässige, kalkulierbare Beförderung,
die immer öfter von Haus zu Haus gewünscht wird und nur funktioniert,
wenn Flüge, Güterumschlag am Boden reibungslos ineinander übergrei-
fen. Zweitens, die lückenlose Information vor, während und nach dem
Transport mittels eines elektronischen Informationssystems. So ist es
25 den Auftraggebern möglich, weltweite Transporte ohne besonderen Aufwand zu ordern und zu überwachen – wenn möglich am eigenen Computer.
       Allein Lufthansa fliegt von Frankfurt aus rund 200 Flughäfen in
aller Welt mit Luftfracht an. Zusammen mit den Routen anderer Flug-
30 gesellschaften ergibt sich ein dichtes, weltumspannendes Transport-
netz. Dieses kann die Forderung des Marktes nach schnellem und
störungsfreiem Transport künftig aber nur erfüllen, wenn es von einem
ebenso weltumspannenden Informationsnetz getragen wird – eine
technische Herausforderung, die nur mit internationaler Firmenkoope-
35 ration gemeistert werden kann.
       Größtes Teilproblem innerhalb der weltweiten Logistik ist die elek-
tronische Datenverarbeitung. Heute haben die meisten Fluggesellschaften bereits eigene EDV-Systeme, die sich voneinander zum Teil erheb-
lich unterscheiden. Auch Speditionen und vor allem die Firmen, die
40 Luftfracht buchen, haben eigene, auf ihre Bedürfnisse zugeschnittene
Datensysteme. Lufthansa kooperiert deshalb mit anderen großen Fracht-
gesellschaften, um ein gemeinsames globales Informationsnetz aufzu-
bauen, an das möglichst viele der Firmensysteme angeschlossen werden
sollen.

45 Zur Kooperation auf dem Informationssektor kommt jene zur Abrundung des Transportservice. Internationale Transportunternehmen, so genannte Integrators, haben sich darauf spezialisiert, Briefe und kleine Pakete weltweit von Haus zu Haus zu befördern. Sie verfügen in diesem Bereich über eine umfassende, an die Erfordernisse der jeweiligen Län-
50 der angepasste Organisation. Die Stärke der Fluggesellschaften besteht demgegenüber in einem stabilen und breiten Angebot an Kapazitäten, Zielorten, Frequenzen und in der Fähigkeit, nahezu jede Art von Fracht zu befördern. Wenn Fluggesellschaft und Integrator kooperieren, können sie gemeinsam jenen umfassenden Service bieten, den der
55 Markt immer stärker verlangt.
    Wachsende Nachfrage herrscht unter anderem nach dem schnellen, zeitlich genau kalkulierbaren Langstreckentransport von Fabrik zu Fabrik. Multinationale Firmen setzen zunehmend auf das so genannte Outsourcing – auf die Herstellung von Bauteilen oder Produkten in
60 Ländern, die geringe Produktionskosten ermöglichen. Im nationalen Rahmen und auch schon über die Grenzen hinweg hat sich die Kosten sparende Just in Time-Belieferung von Fabriken längst durchgesetzt. Pkw-Sitze oder andere Zulieferprodukte werden zum Beispiel per Lkw exakt zu dem Zeitpunkt in das Automobilwerk gebracht, zu dem sie am
65 Montageband benötigt werden. Das globale Luftfrachtsystem ermöglicht den Just in Time-Transport auch über lange Distanzen – etwa die termingenaue Lieferung von Computerteilen aus Fernost nach Europa.

6. **Lesen Sie den Text „Welthandel – Just in Time" und beantworten Sie die folgenden Fragen.**

    1. Was bedeuten lange Beförderungszeiten für die Wirtschaft?
    2. Was erwarten die Auftraggeber von den Transportsystemen?
    3. Wo tauchen innerhalb der Logistik noch die meisten Schwierigkeiten auf?
    4. Was bedeuten im Zusammenhang mit dem Langstreckentransport die Begriffe ‚Outsourcing' und ‚Just in Time'?

4.
Finanzen

Kreditkarten

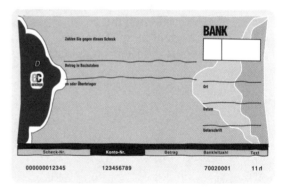

Was ist eine Kreditkarte?

1. Kreuzen Sie an.

1. Kreditkarten sind
   a) bargeldlose Zahlungsmittel.
   b) Ausweiskarten für Kreditinstitute.
   c) Zahlungsmittel für Postämter.

2. Bezahlen kann man mit Kreditkarten
   a) in allen Geschäften.
   b) nur bei Kreditinstituten.
   c) nur in jenen Geschäften und Hotels, die mit der jeweiligen Kreditorganisation einen Vertrag abgeschlossen haben.

3. Mit Kreditkarten kann man
   a) in unbegrenzter Höhe einkaufen.
   b) nur einmal die Woche einkaufen.
   c) bis zu einem bestimmten monatlichen Limit einkaufen.

4. Das monatliche Limit hängt ab
   a) vom Kartenpreis.
   b) von der Exklusivität der Karte.
   c) von der Höhe des regelmäßigen monatlichen Einkommens.

5. Wenn die Kreditkarte gestohlen wurde, muss man
   a) bei der Polizei Anzeige erstatten.
   b) sie sofort beim Kreditinstitut sperren lassen.
   c) sich lediglich eine neue Karte besorgen.

Kreditkartentypen

Je nach Art der Abrechnung unterscheidet man drei Kartentypen:

Charge Cards
Bei dieser Karte erhält der Kunde monatlich seine Abrechnung, auf der die Kartenumsätze aufgelistet sind. Die Abbuchung erfolgt meist per Lastschrift vom Girokonto. Der Kunde hat durch diese Abrechnungsart einen zinslosen Kredit für die Zeit zwischen Zahlung und Abrechnung.

Credit Cards
Auch bei dieser Karte wird monatlich abgerechnet, jedoch kann der Kunde entscheiden, ob er den Betrag sofort oder in Raten abzahlt.
Bei der Ratenzahlung müssen zunächst nur 5 bis 10 % der Rechnung – mindestens aber 20 bis 50 DM – beglichen werden. Wann und wie viel von der restlichen Summe getilgt werden muss, bleibt dem Kunden überlassen.
   Teilzahlungen sind aber nicht so günstig, da der Zinssatz für den Kreditkarten-Kredit meist höher liegt als für einen Dispokredit auf dem Girokonto.
   Bei Minusbeträgen auf dem Kartenkonto berechnen die meisten Banken zudem für alle weiteren Kartenumsätze schon ab dem Buchungsdatum Sollzinsen. Kredite über Kreditkarten sind häufig eine teure Angelegenheit.
   Hat der Kunde jedoch Guthaben auf dem Kartenkonto, so wird dieses Guthaben auch verzinst. Die Guthaben-Zinsen hängen von den Konditionen der Banken ab.
   Der hauptsächliche Zweck von Kreditkarten ist aber nicht die Geldanlage, dafür bieten Banken andere und bessere Möglichkeiten.

Debit Cards
Alle Zahlungen werden hier dem Konto sofort oder mit wenig Verzögerung zinswirksam belastet. Debit Cards können direkt an das Konto angebunden sein. Auch bei dieser Karte können die Kunden, falls ein Guthaben auf dem Konto ist, Habenzinsen kassieren.

2. Notieren Sie für die drei Kartentypen die Abrechnungsart und die wichtigsten Vor- oder Nachteile.

	Charge Cards	Credit Cards	Debit Cards
Abrechnungsart			
Vorteile			
Nachteile			

Vor- und Nachteile von Kreditkarten

3. Ordnen Sie die folgenden Angaben den Vor- bzw. Nachteilen von Kreditkarten zu und ergänzen Sie diese mit eigenen Stichpunkten.

bequemes bargeldloses Einkaufen ◆ weltweite Akzeptanz ◆ Gefahr der Fehlbuchung ◆ Gebührenstruktur oft nicht eindeutig ◆ teurer als ec-Karten ◆ teure Barauszahlungen im In- und Ausland ◆ Firmenkartenservice für Dienstreisen

4. Setzen Sie den passenden Begriff ein.

1. bargeldloses _____
   Buch ◆ Portemonee ◆ Zahlungsmittel

2. allgemeine _____
   Banken ◆ Geschäftsbedingungen ◆ Konten

3. effektiver _____
   Jahreszins ◆ Geldautomat ◆ Dauerauftrag

4. finanzielle _____
   Geheimnummer ◆ Kasse ◆ Belastbarkeit

5. halbbarer _____
   Zahlungsverkehr ◆ Börsenhandel ◆ Sparplan

6. amtlicher _____
   Computer ◆ Kurs ◆ Geldautomat

7. persönliche _____
   Konferenz ◆ Geheimnummer ◆ Währung

8. internationaler _____
   Bank- und Zentralrechner ◆ Zahlungsverkehr ◆ Streik

5. a. Bilden Sie Zusammensetzungen mit Bank-.

1. Das Kreditinstitut ist zur Verschwiegenheit über alle Daten und Informationen, die es durch die geschäftliche Verbindung von Kunden erhält, verpflichtet: _____
2. Grundlage der Geschäftsverbindung zwischen Bank und Kunden, auf der regelmäßig wiederkehrende Zahlungen bargeldlos abgewickelt werden können: _____
3. Angestellter, der bei einem Kreditinstitut arbeitet: _____
4. Vermögen, das man bei einem Kreditinstitut hat: _____
5. Krimineller, der ein Kreditinstitut überfällt und ausraubt: _____
6. Verfügungsberechtigung eines Dritten über den Geschäftsverkehr zwischen Bank und Kontoinhaber: _____
7. Gesetzliches Zahlungsmittel: _____

b. Fallen Ihnen noch weitere Begriffe ein?

6. Ordnen Sie die Begriffe 1–7 den Erklärungen a–g zu.

1. Scheck   ▨
2. Wechsel   ▨
3. Kreditkarte   ▨
4. Reisescheck   ▨
5. Dauerauftrag   ▨
6. Ratenkauf   ▨
7. Überweisung   ▨

a. Der Käufer übernimmt die Waren sofort, zahlt jedoch die Rechnungssumme nach und nach ab.
b. Eine in Europa und den USA beliebte bargeldlose Zahlungsform.
c. Auch Travellerschecks genannt, sie laufen auf bestimmte Beträge in in- und ausländischer Währung.
d. Ein Zahlungsversprechen, durch das sich der Aussteller selbst verpflichtet, an einem festgesetzten Tag eine bestimmte Summe an eine Person oder Firma zu zahlen.
e. Bei regelmäßig wiederkehrenden Zahlungen (Miete, Strom …) kann der Kunde dies erteilen.
f. Hat folgende Angaben: Ort und Tag der Ausstellung, Geldsumme, Name der bezogenen Bank, Name und Unterschrift des Ausstellers, Name des Empfängers.
g. Auf einem Überweisungsformular teilt der Zahler seiner Bank mit, welche Summe dem Konto des Empfängers gutzuschreiben ist.

7. Was kann man tun? Welches Verb passt?

1. einen Geldbetrag _____
   gutschreiben ◆ *gutheißen* ◆ *gutdünken*

2. einen Auftrag _____
   erlösen ◆ *erteilen* ◆ *ergeben*

3. einen Scheck _____
   ausliefern ◆ *ausprobieren* ◆ *ausstellen*

4. ein Konto _____
   erzielen ◆ *eröffnen* ◆ *erbauen*

5. ein Geschäft _____
   abschneiden ◆ *abnehmen* ◆ *abwickeln*

6. einen Kredit _____
   gewähren ◆ *gewinnen* ◆ *gelingen*

7. Gebühren _____
   erlangen ◆ *erheben* ◆ *erbringen*

8. Zinsen _____
   festhalten ◆ *festnehmen* ◆ *festschreiben*

9. eine Hypothek _____
   aufnehmen ◆ *aufsetzen* ◆ *aufsteigen*

10. ein Vermögen _____
    anbringen ◆ *anbinden* ◆ *anlegen*

8. Welches Zahlungsmittel können die Personen verwenden?

Bargeld ◆ *ec-Karte* ◆ *Reiseschecks* ◆ *Postsparbuch* ◆ *Kreditkarte*

1. Jugendlicher mit Rucksack auf Reisen
2. Geschäftsmann an Hotelrezeption
3. Kind vor einem Kiosk
4. Urlauber im Mietauto vor Wegweiser – Barcelona
5. Oma, die in Supermarkt geht
6. Junge Frau in Nobelboutique

9. Was wird getan? Markieren Sie die richtigen Lösungen. Auch mehrere Lösungen können richtig sein.

1. Eine Rechnung wird *geschrieben* ◆ *überwiesen* ◆ *aufgenommen* ◆ *getan.*
2. Ein Scheck wird *beglichen* ◆ *ausgestellt* ◆ *überreicht* ◆ *überwiesen.*
3. Eine Überweisung wird *gemacht* ◆ *bezahlt* ◆ *eingezahlt* ◆ *aufgenommen.*
4. Schulden werden *verglichen* ◆ *beglichen* ◆ *zurückgezahlt* ◆ *ausgezahlt.*
5. Kosten werden *verursacht* ◆ *eingezahlt* ◆ *veranschlagt* ◆ *gedeckt.*
6. Ein Betrag wird *gezahlt* ◆ *dankend erhalten* ◆ *überwiesen* ◆ *in Rechnung gestellt.*
7. Geld wird *ausgezahlt* ◆ *beglichen* ◆ *eingezahlt* ◆ *ausgegeben.*

10. Wie heißt das Gegenteil? Die markierte Spalte ergibt das Lösungswort, das Gegenteil von Einzahlung.

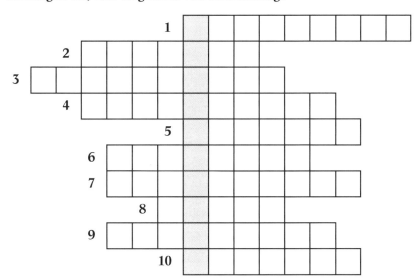

1. einzahlen
2. Gewinn
3. (Konto) eröffnen
4. Habenzinsen
5. Nachfrage
6. Schulden
7. Bettler
8. Verkäufer
9. (Geld) ausgeben
10. mit Kosten verbunden

11. Welches Zahlungsmittel würden Sie empfehlen?

1. Frau Sonne möchte nach Irland verreisen, sie besitzt aber keine Kreditkarte und möchte auch kein Bargeld mitnehmen, da sie Angst hat es zu verlieren.
2. Herr Geizig hat bei einem Versandhaus Ware bestellt und erhalten, die Rechnung liegt dem Paket bei.
3. Frau Klein ist es Leid, jeden Monat an die pünktliche Überweisung der Miete denken zu müssen, oft vergisst sie es auch und erhält von ihrem Vermieter eine Mahnung. Was kann sie tun, um das zu vermeiden?
4. Herr Meier möchte für 3 Monate in die USA, er kann nicht abschätzen, wie viel Geld er in dieser Zeit brauchen wird.

12. Setzen Sie den passenden Begriff in die Lücken ein:
Franchiseunternehmen, Franchisegeber, Franchisesystem oder
Franchisenehmer.

Franchising

Die Pleitenstatistik beweist: Innerhalb einer
großen Firmenfamilie birgt die Existenzgründung
weniger Risiken.

Jährlich wagen etwa 3000 Deutsche unter dem
Dach eines _____ den Weg in
die unternehmerische Selbstständigkeit. Als Be-
treiber eines Fotoladens, als Tiefkühlkostlieferant
oder Nachhilfelehrer.

Ob Photo Porst, Eismann oder die Schülerhilfe:
Sie alle arbeiten nach dem gleichen Prinzip. Der
_____ entwickelt ein Geschäfts-
konzept – von den Produkten über die Werbung
bis hin zum Erscheinungsbild des Unternehmens
und zum Schulungsprogramm. Dieses Know-how
stellt er einem selbstständigen Unternehmer, dem
_____, gegen Zahlung von Ein-
stiegsgebühren und Umsatzbeteiligung zur Verfü-
gung.

Vorteil für den Existenzgründer: Er kann sich
ganz auf den Vertrieb seiner Waren oder Dienstleistungen konzentrieren. „Diese Geländer-
funktion", so Wolfram Gruhler vom Institut der
deutschen Wirtschaft, „verringert die Gefahren
des Strauchelns oder Abstürzens für den Unter-
nehmensgründer." _____ sind
in der Konkursstatistik deshalb seltener zu finden
als Selbstständige.

Allerdings tummeln sich unter den _____ auch
schwarze Schafe, die mit unausgereiften Geschäftsideen und
Knebelverträgen naive Existenzgründer über den Tisch ziehen
wollen. Eine gründliche juristische Beratung und eine genaue
Rentabilitätsanalyse sollten daher jedem Vertragsabschluss voraus-
gehen.

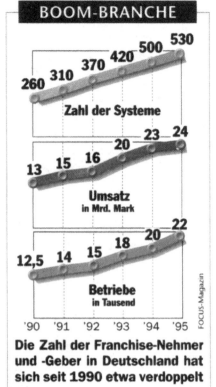

BOOM-BRANCHE

530 500 420 370 310 260

Zahl der Systeme

24 23 20 16 15 13

Umsatz
in Mrd. Mark

22 20 18 15 14 12,5

Betriebe
in Tausend

'90 '91 '92 '93 '94 '95

FOCUS-Magazin

**Die Zahl der Franchise-Nehmer
und -Geber in Deutschland hat
sich seit 1990 etwa verdoppelt**

Quelle: DFV

---

13. Markieren Sie die richtige Lösung.

Wenn man ein Franchiseunternehmen führen will, kann oder
muss man

1. das nötige Kapital *wegbringen* ◆ *aufbringen* ◆ *überbringen.*
2. ein Darlehen *beantragen* ◆ *übertragen* ◆ *wegtragen.*
3. einen Kredit *mitnehmen* ◆ *aufnehmen* ◆ *übernehmen.*
4. Sicherheiten *überweisen* ◆ *hinweisen* ◆ *vorweisen.*
5. das Geschäftskonzept *vornehmen* ◆ *übernehmen* ◆
    mitnehmen.

14. Setzen Sie in die Lücken die richtigen Begriffe ein.

Checkliste für den Vertrag
von Andrea Wessels, Franchise-Anwältin

Der Franchisevertrag sollte

_____ die Nutzung von Marktlizenz und
Erfahrungen des Gebers garantieren;

_____ und das Vertragsgebiet eindeutig
festlegen;

_____, z. B. als GmbH, regeln;

_____ und Transfer von Know-how, Marke-
ting- und Schulungsleistungen des Gebers beschreiben;

_____ definieren, z. B. Absatz der Vertrags-
waren oder -dienstleistungen, Einsatz der gesamten Arbeitskapa-
zität, Durchführung von Werbemaßnahmen;

_____ und Ausstattungsgegenstände
des Betriebs, Regeln zur Instandhaltung und Führung sowie Liefe-
ranten- und Bezugsvereinbarungen auflisten;

_____ in Bezug auf die Kontrolle des
Betriebs (Einsicht in die Bücher) definieren;

_____ für die Qualitätssicherung des
Systems festlegen;

_____ so fassen, dass sie dem Nehmer die
Amortisierung seiner Investitionen erlaubt.

Standards   *Inhalt*
    dem Nehmer   *die Vertragsdauer*

   Rechte des Gebers   *die Pflichten des Nehmers*

   Einrichtungs-   *den Standort des Betriebes*
        den Status des Nehmers

Kredit / Geld

**15. Zu welchen Punkten findet man Angaben in einem Darlehens-
vertrag? Kreuzen Sie bitte an.**

Der Darlehensvertrag

- ▨ Lieferbedingungen
- ▨ Darlehenshöhe
- ▨ Tätigkeit
- ▨ Darlehensgeber
- ▨ Vergütung
- ▨ Mietdauer
- ▨ Preise
- ▨ Darlehensnehmer
- ▨ Arbeitszeit
- ▨ Garantie

- ▨ Darlehenszweck
- ▨ Zinsen
- ▨ Gerichtsstand und Erfüllungsort
- ▨ Preisbestimmung und Vertrieb
- ▨ Urheberrecht und Wettbewerbsklausel
- ▨ Kündigung
- ▨ Sicherheiten
- ▨ Gratifikationen
- ▨ Angaben zur Auszahlung und Laufzeit

16. Ordnen Sie die folgenden Satzteile aus Antwortschreiben den unten angegebenen Begriffen zu.

1. Wir hoffen Ihnen mit dieser Kreditgewährung dienen zu können.
2. Sie haben übersehen die fälligen Zahlungen termingerecht zu leisten.
3. Der Kredit dient der Zwischenfinanzierung der Gestehungskosten Ihres Hauses in ...
4. Ihre Kündigung bestätigen wir Ihnen entsprechend den vereinbarten Bezugsbedingungen zu o. g. Zeitpunkt.
5. Wir bedauern keinen positiven Bescheid geben zu können, und wünschen Ihnen bei der Suche nach einer Publikationsmöglichkeit alles Gute.
6. Wir sind berechtigt Anpassungen der Kreditkosten bei Änderung der Marktlage oder kreditpolitischen Situationen vorzunehmen.
7. Bitte überweisen Sie den Schuldbetrag gemäß der unten angeführten Aufstellung bis zum ...
8. Da wir es sehr bedauern würden, Sie als guten Kunden zu verlieren, unterbreiten wir Ihnen heute folgendes Angebot: ...
9. Für Ihr freundliches Manuskriptangebot und das damit unserem Hause entgegengebrachte Vertrauen danken wir Ihnen sehr.
10. Wir sind gerne bereit, Ihnen auf der Grundlage unserer Allgemeinen Geschäftsbedingungen und unserer Bedingungen für Bauzwischenkredite und Vorschaltdarlehen einen Bauzwischenkredit in Höhe von 100 000 DM einzuräumen.
11. Für Ihr bisheriges Vertrauen bedanken wir uns und würden uns freuen, Sie auch weiterhin als unseren Abonnenten betreuen zu dürfen.
12. Leider sehen wir derzeit keine Möglichkeit einer Veröffentlichung.
13. Es besteht Einvernehmen darüber, dass Sie uns während der Dauer des Kreditverhältnisses Aufschlüsse über Ihre wirtschaftlichen und rechtlichen Verhältnisse geben werden.
14. Wir hoffen, Ihnen mit dieser Kreditgewährung dienen zu können ...

Antwortschreiben auf
– Kreditantrag: _____
– Manuskriptangebot: _____
– Abonnement / Kündigung: _____
– Zahlungserinnerung: _____

17. Versuchen Sie das Rätsel zu lösen. Welches Sprichwort ist in ihm versteckt?

1. **G _ R _ _ O _ _ O**   ein anderes Wort für Gehaltskonto
2. **R E _ H _ _ _ G**   drückt eine Geldforderung aus
3. **Z _ _ L U _ G**   Begleichung einer Geldforderung
4. **D _ V _ D _ _ _ E**   Gewinnanteile an Aktien
5. **_ X _ O R _**   das Gegenteil von Import
6. **K _ E _ I _ _ A R _ _**   bargeldloses Zahlungsmittel
7. **G _ W _ _ N**   Gegenteil von Verlust
8. **S _ H _ I _ T W _ _ H _ _ L**   Korrespondenz
9. **D E _ _ S _ N**   ausländische Währungen
10. **R _ K _ A M _ _ I _ _**   Umtausch / Beanstandung

11.	R _ B _ _ T	Preisnachlass
12.	K _ N _ O S _ _ _**D**	Geldsumme, die man auf dem Konto hat
13.	_A _ T _ _ H _ I _ T	das Gegenteil von Gutschrift
14.	W E _ _ S _ L	ein Wertpapier
15.	Ü _ _ R **W** _ _ S _ _ G	Geld von einem Konto auf ein anderes gutschreiben
16.	B E _ _ G	Bescheinigung
17.	_ _ U _ _ O L _ _ N	Gesamtlohn ohne Abzug
18.	E _ L _ _ **T** E	per Express

18. a. Im Deutschen haben wir viele Redewendungen, die mit Geld zu tun haben:

- Geld regiert die Welt:
  Wer reich ist und über Geld verfügt, hat auch Macht und Einfluss.
- Geld wie Heu haben:
  sehr reich sein
- das Geld unter die Leute bringen:
  das Geld schnell ausgeben
- das Geld mit beiden Händen zum Fenster hinauswerfen:
  sein Geld leichtfertig ausgeben, verschwenderisch sein
- jemandem das Geld aus der Tasche ziehen:
  versuchen jemandem das Geld abzunehmen
- im Geld schwimmen:
  sehr viel Geld haben
- das große Geld machen:
  sehr viel Geld verdienen
- nach Geld stinken:
  sichtlich, offenkundig sehr reich sein

b. Ergänzen Sie nun in den folgenden Sätzen die passenden Wendungen:

1. Er hat seine Freundin schon wieder nicht eingeladen, dabei _____.
2. Herr Maier arbeitet in der Werbebranche, dort wird _____.
3. Der Staat zieht den Bürgern mit seinen Steuern _____.
4. Die müssen _____, wenn sie sich zwei Porsche leisten können.
5. Sobald er seinen Lohn erhält, bringt er _____ noch am selben Tag _____.
6. Anstatt ein bisschen zu sparen, _____ sie ihr Geld nur so zum _____.

Die Bank zu Hause – Home-Banking

Wäre es nicht toll, wenn Sie zukünftig Ihre Bankgeschäfte von zu Hause aus erledigen könnten? Ohne an Öffnungszeiten zu denken oder in Warteschlangen stehen zu müssen?

Kein Problem! Mittlerweile bieten fast alle Banken und Sparkassen
5 Standardprogramme per Telefon, Fax oder Computer an. Damit Sie beispielsweise Ihre Überweisungen im eigenen Büro tätigen können, brauchen Sie nur einen analogen oder einen ISDN-Telefonanschluss (T-Online-Anschluss), einen Computer sowie ein Modem und eine entsprechende Software, um unmittelbar mit der Bank verbunden zu
10 werden.

Hier halten bereits viele Banken für ihre Kunden Programme bereit, die gegen eine geringe Schutzgebühr, teilweise sogar kostenfrei abgegeben werden. Der Vorteil all dieser Programme besteht darin, dass sie die Zahlungsbelege so auf den Bildschirm bringen, wie sie der Kunde von
15 der Bank her kennt. Zudem können Überweisungen oder Daueraufträge offline ausgeführt werden, d. h. ohne dass die Datenleitung vom Heim-PC mit dem Bankcomputer bereits geschaltet ist.

Das Programm wählt sich erst dann in den Bankcomputer ein, wenn die Formulare abgabefertig sind. Telefongebühren und Kosten für die
20 Datenleitung werden somit gespart.

Was die Sicherheitsrisiken bei Home-Banking anbelangt, so sind diese auch durch elektronische Schlüssel für den Zugang zum Bankcomputer weitgehend ausgeschlossen. Eine fünfstellige Geheim- bzw. persönliche Identifikationsnummer (PIN) ermöglicht den Zugang zum Konto. Da-
25 rüber hinaus erhält jeder Kunde eine Liste mit sechsstelligen Transaktionsnummern (TAN), wobei jede Nummer nur einmal benutzt werden darf.

Dennoch kann es nach wie vor zu Fehlbuchungen und Missbrauch kommen, da sich Hacker theoretisch einklinken können.
30 An einer Weiterentwicklung des Sicherheitsstandards wird daher nach wie vor gefeilt.

Home-Banking und seine Weiterentwicklung, das Internet-Banking, sind zweifelsohne die Banktrends von morgen.

Um den Umstieg auf Home-Banking attraktiv zu gestalten, bieten viele
35 Banken Preisnachlässe bei den Kontoführungsgebühren. Trotz solcher Anreize sollte dem Kunden jedoch auch klar sein, dass – egal ob Telefon oder Computer – je nach Häufigkeit und Dauer der Bankbesuche von zu Hause zusätzliche Kosten (Telefongebühren, Kosten für Onlinedienste) veranschlagt werden müssen. Diese Kosten egalisieren die eingesparten
40 Bankgebühren schnell wieder.

Demgegenüber steht natürlich unbestreitbar ein Plus an Komfort. Denn rund um die Uhr können Sie mit Ihrer Bank verbunden werden, sofern der Bank-Service dies anbietet und Sie nicht wegen Überbelastung oder Ausfall des Onlinedienstes bzw. Bankrechners vor verschlos-
45 senen Türen stehen.

19. Lesen Sie den Text „Die Bank zu Hause" und notieren Sie die Vor- und Nachteile von Home-Banking. Ergänzen Sie Ihre Notizen auch mit eigenen Stichpunkten.

Vorteile:	Nachteile:

5.
Neue Technologie

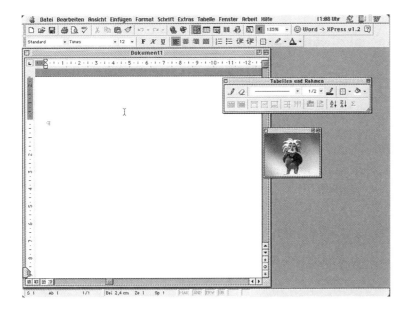

Programmbedienung

In der Menüleiste sind alle Befehle, die Sie ‚Word für Windows‘ geben
können, aufgenommen.

  Diese Menüleiste können Sie entweder mit der Maus oder der Tastatur bedienen, wobei die Programmbedienung mit der Maus sicherlich
5 die schnellere Methode ist. Um einen Befehl auszuführen, klicken Sie
auf den Menünamen, in welchem der Befehl enthalten ist. Das Menü
wird daraufhin geöffnet und Sie klicken den gewünschten Befehl an; er
wird dadurch ausgeführt.

  Wenn Sie ein Menü wieder schließen möchten, so klicken Sie erneut
10 auf den Menünamen des geöffneten Menüs.

  Die wichtigsten Befehle sind zusätzlich in die Symbolleiste aufgenommen. Sie können diese schnell durch Klicken auf das entsprechende
Symbol aufrufen.

  Beim Start von Winword werden die Standard-, Symbol- und die
15 Formatierungsleiste angezeigt. Die anderen Symbolleisten können nach
Bedarf eingeblendet werden. Um sich die Bedeutung eines Symbols
anzeigen zu lassen, fahren Sie mit der Maus auf das Symbol, ohne eine
Maustaste zu betätigen.

  Nach etwa einer Sekunde wird am Mauszeiger und in der Statuszeile
20 eine kurze Erläuterung des Symbols angezeigt.

Mit der Formatierungsleiste können die wichtigsten Absatz- und Zeichenformatierungen wie z. B. Schriftart und Schriftgröße oder Fett- und Kursivdruck schnell und komfortabel mit der Maus eingestellt werden.

Im Lineal werden auch die aktuellen Einzüge und Tabulatoren angezeigt; diese können Sie mit der Maus auch verändern. Auch können Sie den rechten und linken Seitenrand verändern.

Die Statuszeile gibt Ihnen wichtige Informationen zu Ihrer gegenwärtigen Arbeitssituation. Während Sie ein Menü geöffnet haben und einen Befehl daraus wählen, indem Sie die linke Maustaste gedrückt halten, wird der gewählte Befehl in der Statuszeile kurz beschrieben.

1. Lesen Sie den Text „Programmbedienung" und beantworten Sie die folgenden Fragen.

   1. Womit können Sie die Menüleiste bedienen?
   2. Welche Bedienungsart dauert länger?
   3. Wo finden Sie die wichtigsten Befehle zusätzlich?
   4. Was wird beim Start von Winword angezeigt?
   5. Wie erfahren Sie die Bedeutung eines Symbols?
   6. Welche Aufgabe hat die Formatierungsleiste?
   7. Wo werden die aktuellen Einzüge und Tabulatoren angezeigt?
   8. Welche Zeile informiert Sie über Ihre gegenwärtige Arbeitssituation?
   9. Wie bezeichnet man das Markieren mit der Maus?
  10. Was geschieht, wenn Sie – während Sie einen Befehl anzeigen – die linke Maustaste gedrückt halten?

Fachchinesisch!

2. Kreuzen Sie die richtige Lösung an.

Surfen
   a. ein neues Computerspiel, bei dem es vorrangig
       ums Surfen geht   ▦
   b. Streifzüge der Benutzer durch das Netz   ▦
   c. leichtes Säubern der Computertastatur   ▦

E-Mail
   a. Energiesparknopf am Computer   ▦
   b. ernste Mitteilungen   ▦
   c. elektronischer Briefverkehr im Internet   ▦

Chatten
   a. virtuelles Sprechen im Internet   ▦
   b. Computerfachleute, die neue Spiele erfinden   ▦
   c. Sammeln von Informationen   ▦

User
   a. Computergebrauchsanleitung   ▦
   b. die Nutzer des Internets   ▦
   c. neue Computerzeitschrift   ▦

CD-ROM
a. compact-disk-read-only-memory
   = optische Speicherplatte mit nicht löschbaren Daten
b. akustischer Stadtplan von Rom auf CD
c. internationale CD-Firma in Rom

Internet
a. Firmen, die untereinander freundschaftliche
   Beziehungen pflegen
b. unstrukturierter Verbund zahlreicher Datennetze
   und Computer
c. Geheimpolizei gegen Computerkriminalität

Homepage
a. Infoseite des Nutzers
b. Dienstpersonal im Computerbereich
c. Privatcomputer

ISDN
a. Integrated Services Digital Network
   = volles digitales Telefon- und Datenübermittlungsnetz
b. neue Computerfirma
c. Geheimcode unter Computer-Hackern

Modem
a. Modeseite im Internet
b. modernes Telefonbuch der Telekom
c. Abkürzung für Modulator / Demodulator.
   Das Modem wandelt Computerdaten so um,
   dass sie über das Telefonnetz übertragen
   und beim Empfänger in Computerdaten zu-
   rückverwandelt werden können.

DOS
a. Abkürzung für ‚Digitaler Operationssaal‘
b. Disk-Operating-System = Betriebssystem
c. neue Musikgruppe im Internet

3. **Bilden Sie aus den folgenden Wörtern und Wortteilen sinnvolle
   Zusammensetzungen zum Thema *Computer*.**

*Lauf ◆ Sonder ◆ Ablage ◆ Haupt ◆ Einfüge ◆ Seiten ◆ Fest ◆
Absatz ◆ Symbol ◆ Dokumenten ◆ Werk ◆ Speicher ◆ Leiste ◆
Platte ◆ Ansicht ◆ Marke ◆ Zeichen ◆ Formatierung ◆ Vorlage*

_____

_____

_____

_____

_____

4. **Markieren Sie bitte.**

Was passt nicht ?

1. ein Programm *starten ◆ überziehen ◆ installieren ◆ beenden*
2. einen Befehl *ausführen ◆ geben ◆ wiederholen ◆ berechnen*
3. Daten *erfassen ◆ verarbeiten ◆ verbieten ◆ eingeben*
4. eine Datei *öffnen ◆ umbrechen ◆ speichern ◆ löschen*
5. einen Text *installieren ◆ ausdrucken ◆ markieren ◆ verändern*
6. Seiten *formatieren ◆ einrichten ◆ starten ◆ nummerieren*
7. Tabellen *erstellen ◆ einfügen ◆ erweitern ◆ bedienen*
8. Grafiken *vergrößern ◆ verkleinern ◆ verändern ◆ ausschalten*
9. ein Menü *anklicken ◆ öffnen ◆ nummerieren ◆ schließen*
10. eine Diskette *einlegen ◆ vergrößern ◆ formatieren ◆ kopieren*

5. **Ordnen Sie die richtigen Definitionen zu.**

Was ist was?

1. Hardware ▨
2. Peripherie ▨
3. Bit ▨
4. Konfiguration ▨
5. kompatibel ▨
6. Cursor ▨
7. externe Speicher ▨
8. PC-Netzwerke ▨
9. Cyberspace ▨
10. World Wide Web ▨

a. Speicher, in denen man Daten aufbewahren und bei Bedarf jederzeit nutzbar machen kann.
b. Maßeinheit zur Speicherung von Daten
c. Fantasiewort für eine Art Datenall im Computer
d. vernetztes System von Homepages; diese Seiten enthalten Texte, Bilder, Multimedia-Funktionen
e. alle an einen Computer angeschlossenen Geräte, die zur Eingabe, Ausgabe oder Speicherung von Daten eingesetzt werden
f. sämtliche physischen Bestandteile eines Computers
g. Gesamtheit der elektronischen Datenverarbeitungsanlage, bestehend aus Computer und der Peripherie
h. Einfügemarke
i. Verkabelungssystem zwischen mehreren Computern und Peripheriegeräten
j. Geräte, Datenträger und Programme, die ohne besondere Anpassungsmaßnahmen untereinander ausgetauscht werden oder miteinander arbeiten können

6. **Was passt nicht in die Reihe?**

1. ISDN ◆ EDV ◆ DOS ◆ VfB
2. Tastatur ◆ Winword ◆ Maus ◆ Drucker
3. surfen ◆ hacken ◆ bowlen ◆ chatten
4. Symbolleiste ◆ Menüleiste ◆ Holzleiste ◆ Formatierungsleiste
5. Telefax ◆ Mikrowelle ◆ Handy ◆ Computer
6. Info-Broker ◆ Fernsehtechniker ◆ Multimediadesigner ◆ Programmierer
7. Excel ◆ Winword ◆ Access ◆ Intercity
8. Buchdrucker ◆ Nadeldrucker ◆ Tintenstrahldrucker ◆ Laserdrucker
9. APPLE ◆ VOBIS ◆ MC DONALD's ◆ IBM
10. Programm Manager ◆ Produktmanager ◆ Datei Manager ◆ Druckmanager

Sich online treffen

Flirten online? Den neuesten Kinofilm besprechen? Verabredungen treffen?

Seit es das Stadtnet gibt, machen Computer nicht mehr einsam. Einige tausend junge Leute in München und Berlin, ein paar hundert in Hamburg und jetzt auch in Köln gehören zur online-Community.

10 000 gibt es bundesweit, jeden Monat kommen tausend dazu. Sie haben ein neues Medium entdeckt – und sie nutzen es überraschend anders. Dass ein Mensch zwei oder 20 000 Kilometer entfernt von mir mitlesen kann, was ich gerade auf den Bildschirm tippe, liegt an einer unscheinbaren grauen Box. Der Kasten ist ein Modem (das Computerbits in Telefonsignale verwandelt und rückverwandelt). Das Modem verbindet den Computer mit der Telefonleitung. Die Telefonleitung führt zu einem zentralen Rechner (wo nicht eines, sondern 30, 40 oder 100 Modems stehen). Das Stadtnet schaltet die Nutzer zusammen. Wie viele gleichzeitig, das hängt von der Zahl der Modems ab.

Das Stadtnet funktioniert wie das globale Internet – mit dem Unterschied, dass die Nutzer („user") aus der gleichen Stadt kommen. Die meisten wollen sich nicht nur „online", sondern auch „offline" treffen (offline = Wirklichkeit). Finanziert wird das Stadtnet über Werbung, die sich diskret in kleinen Logos auf dem Bildschirm versteckt. Ein Stadtmagazin sponsert den Veranstaltungskalender, eine Schnellimbisskette die E-Mail-Funktion. Wer chatten will, braucht nichts weiter als einen Computer, ein Modem, einen Telefonanschluss.

Die Software ist so gestrickt, dass sie jeder Computer – auch ältere – „lesen" kann; auch Schwarz-Weiß-Bildschirme können mithalten. Die Kommunikation geht rasend schnell, nicht wie beim Intenet, wo man oft lange warten muss.

Chatter sind zwischen 16 und 29 (kaum über 30) und verbringen im Schnitt 20 Minuten am Tag am Netz. Ein Drittel der „user" sind Frauen. Gechattet wird am meisten zwischen 20 Uhr und zwei Uhr früh. Aber auch nachts um vier oder in der Mittagspause um zwölf sind Chatter unterwegs.

7. Kreuzen Sie die richtigen Aussagen an.

1. Das Modem verbindet den Computer mit
   der Telefonleitung. ▪
2. Die Telefonleitung führt zu einem privaten Rechner. ▪
3. Wie viele Nutzer gleichzeitig chatten können, hängt
   von der Zahl der Stadtnetze ab. ▪
4. Das Stadtnet wird über Werbung finanziert. ▪
5. Wer chatten will, braucht zwei Computer, eine Maus
   und einen Telefonanschluss. ▪
6. Die Kommunikation geht schneller als beim Internet. ▪
7. Zwei Drittel der „user" sind Männer. ▪
8. Das Stadtnet gehört zum globalen Internet. ▪
9. Die Software können nur jüngere Computer lesen. ▪
10. Am häufigsten wird zwischen 20.00 Uhr und
    zwei Uhr früh gechattet. ▪

Lösungsschlüssel

Arbeit und Beruf

1. a. mögliche Lösungen: arbeitsfähig, arbeitssuchend, arbeitssam, arbeitswillig, arbeitslos, ... ◆ die Zeitarbeit, die Lohnarbeit, die Nachtarbeit, die Büroarbeit, die Mitarbeit, die Teamarbeit, ...
   b. 1. vorarbeiten ◆ 2. verarbeiten ◆ 3. weiterarbeiten ◆ 4. nacharbeiten ◆ 5. bearbeitet ◆ 6. durcharbeiten / bearbeiten ◆ 7. abarbeiten / bearbeiten
   c. mögliche Lösungen: die Arbeitswoche, die Arbeitslosigkeit ◆ der Arbeitnehmer, der Arbeitskampf, der Arbeitstag, der Arbeitgeber, das Arbeitsamt, die Arbeitskraft, ...

2. 1. c ◆ 2. d ◆ 3. f ◆ 4. e ◆ 5. a ◆ 6. b

3. a. schneller / langsamer ◆ b. mehr / weniger ◆ c. höher / niedriger ◆ d. mehr / weniger, häufiger / seltener ◆ e. höher / niedriger ◆ f. mehr / weniger ◆ g. höher / niedriger ◆ h. höher / niedriger, länger / kürzer ◆ i. länger / kürzer ◆ j. häufiger / seltener ◆ k. mehr / weniger ◆ l. besser / schlechter

6. a. 1. = Wolfgang Stein ◆ 2. = Michaela Schötz ◆ 3. = Paolo Piacenza ◆ 4. = Gisela Opitz ◆ 5. = Theo Warncke ◆ 6. = Edith Zimmermann ◆ 7. = Andrea Meszner ◆ 8. = Dieter Schonnop

7. Sozialleistungen: verbilligter Bezug von Waren, Gewährung zinsgünstiger Kredite, Kapitalbeteiligung durch Belegschaftsaktien, Sonderzahlungen (Weihnachts-, Urlaubsgeld), Alters-, Invaliden- und Hinterbliebenenversorgung

8. ***pro:*** *Arbeitnehmer:* gleiche Sozialleistungen in voller Höhe, positive Auswirkungen auf Steuerprogression, höhere Lebensqualität durch mehr Zeit, Kosten im Privatleben einsparen (Kinder und pflegebedürftige Angehörige selbst betreuen, Handwerkerkosten sparen) / *Arbeitgeber:* flexible Reaktion auf Arbeitsmarktsituation, Wegfall von „Flexibilitätskosten" (Überstundenzuschlag), höhere Stundenleistung und bessere Arbeitsqualität, niedrigere Fehlquoten, höhere Arbeitsmotivation

kontra: Arbeitnehmer: weniger Lohn / Gehalt, negative Auswirkungen auf Höhe der Rente und auf Höhe eines eventuellen Arbeitslosengeldes / Arbeitgeber: höhere Anlauf- und Rüstzeiten, Zeitaufwand für gegenseitige Information, evtl. höhere Infrastrukturkosten, evtl. höhere Personalnebenkosten, größerer Aufwand für Einarbeitung und Fortbildung

10. (1) beschaffen ♦ (2) selten ♦ (3) versorgen ♦ (4) schlecht ♦ (5) betreiben; (6) benötigen ♦ (7) ausreichen ♦ (8) gut

11. Günstige Rahmenbedingungen für die Telearbeit: – wenn die Aufgaben ohne ständigen Rückgriff auf schriftliche Unterlagen erledigt werden können. ♦ – wenn selbstständig gearbeitet werden kann. ♦ – wenn die erforderliche technische Einrichtung in der Privatwohnung bereitgestellt werden kann. ♦ – wenn die Arbeitsaufträge und Arbeitsergebnisse problemlos erteilt und ausgetauscht werden können. ♦ – wenn der Mitarbeiter ins Team eingebunden werden kann.

12. a. Zur Sozialversicherung gehören: Rentenversicherung, gesetzl. Krankenversicherung, Arbeitslosenversicherung, Pflegeversicherung
    b. 1. Gewerkschaften und Arbeitnehmerverbände ♦ 2. Betriebsrat ♦ 3. 4 Jahre ♦ 4. Gesetzen, Verordnungen, Vorschriften und Tarifverträgen ♦ 5. Betriebsvereinbarungen

13. Benutzen – Achten – Nehmen – Verwenden – Machen – Entspannen – Wechseln – Suchen

14. 1. halten ... akzeptabel ♦ 2. dulden / akzeptieren / tolerieren ♦ 3. akzeptiert / duldet / toleriert / hätte nichts gegen ♦ 4. nichts gegen ... hätten ♦ 5. erklärten sich ... einverstanden ♦ 6. tolerieren / dulden / akzeptieren

15. *mit Uniform bzw. Kleiderordnung:* Koch, Förster, Richterin, Verkehrspolizistin, Krankenschwester, Bäcker, Bankkaufmann
    ohne Uniform bzw. Kleiderordnung: Taxifahrerin, Sozialarbeiter, Bibliothekar, Lehrer, Journalistin, Grafikerin, Psychologe

16. 1. ja ♦ 2. nein ♦ 3. nein ♦ 4. ja ♦ 5. nein ♦ 6. ja ♦ 7. nein ♦ 8. ja

18. Nahrungsmittelindustrie: Lebensmitteltechnikerin ♦ Handel und Verkauf: Werbekaufmann ♦ Banken und Verkauf = Dipl.-Kaufmann ♦ Maschinen- und Anlagenbau: Dipl.-Ingenieur / Maschinenbau ♦ Verkehr und Kommunikation: Flugbegleiterin ♦ Textil und Bekleidungsindustrie: Mode-Designer ♦ Pharmaindustrie: Dipl.-Chemikerin ♦ Automobil- und Kraftfahrzeugbau = Kraftfahrzeugelektriker

19. *Lehre:* Industriemechaniker, Klempner, Augenoptiker, Tierpflegerin, Gärtner, Schlosser, Metzger, Kellner
    Studium: Arzt, Architektin, Psychologe, Sozialarbeiterin, Rechtsanwältin, Informatiker, Wirtschaftsingenieurin

20. **Friseur / Friseuse:** Frisur, Rasur, Haarfarbe, Dauerwelle, Föhn, Nagelpflege ◆ **Bankkauffrau / -kaufmann:** Finanzierung, Kapitalanlagen, Wertpapiere, Devisen, Zahlungsverkehr, Kredit ◆ **Automechaniker/in:** Messgerät, Verkehrssicherheit, Reparatur, Karosserie, Funktionsprüfung ◆ **Sekretär/in:** EDV-Anwendung, Büroorganisation, Anwendungssysteme, Multimedia, Korrespondenz, Protokolle, Aktennotizen, Terminkalender, Diktiergerät ◆ **Programmierer/in:** Standardprogramm, PC-Netzwerk, EDV-Anwendung, Systemtests, Anwendungssysteme, Multimedia, Datenbankdesign ◆ **Altenpfleger/in:** Medikamente, Rehabilitation, Bewegungsübungen, Sozialstation, Betreuung, Pflege

21. *Florist/in: Verben:* pflegen, versorgen, herstellen, binden, anfertigen, auswählen, zusammenstellen, verarbeiten, gestalten, bepflanzen, anlegen, beraten, berechnen, verkaufen, kassieren, annehmen, weiterleiten, ausliefern ◆ *Nomen:* Blumen, Pflanzen, Sträuße, Kränze, Braut-, Tisch und Raumschmuck, Bänder, Kerzen, Trockenblumen, Gräser, Seidenblumen, Zweige, Gestecke, Gefäße, Pflanzungen, Schaufenster, Verkaufsräume, Blumenfachgeschäft, Schnittblumen, Topfpflanzen, Pflege, Preise, Blumengeschenkdienst, Aufträge
    Verkäufer/in: Verben: verkaufen, anbieten, bedienen, beraten, verpacken, kassieren, ordnen, auszeichnen ◆ *Nomen:* Fachgeschäft, Selbstbedienungsgeschäft, Supermarkt, Warenhaus, Waren, Kunden, Lagerarbeiten, Bestandskontrolle, Inventur, Scannerkassen, Verkaufsdaten, Artikel
    Gärtner/in: Verben: bewässern, umtopfen, spritzen, düngen, ernten, bauen, pflegen, einsäen, pflanzen, befestigen, pflastern, gestalten ◆ *Nomen:* Erde, Böden, Substrate, Pflanzen, Vermehrungsmöglichkeiten, Kultur- und Pflegemaßnahmen, Unkraut, Schädlinge, Hausgärten, Dach- und Terrassengärten, Grünanlagen, Biotope, Friedhöfe, Spiel- und Sportanlagen, Rasenflächen, Bäume, Sträucher, Stauden, Wege, Grabstätten, Flächeneinteilung, Bepflanzung
    Koch/Köchin: Verben: kochen, braten, backen, garnieren ◆ *Nomen:* Speisen, Planung, Einkauf, Lebensmittel, Zutaten, Vorbereitung, Lagerhaltung, Rczcpte, Gerichte, Suppen, Soßen, Gebäck, Süßspeisen, Speisekarte, Küchen, Zubereitung, Salate, Fisch- und Fleischgerichte

22. **Gebäudereiniger/in:** reinigen – beseitigen – Reinigungsarbeiten – Säubern – Glaskonstruktionen – Gehsteigreinigung – Schneeräumung – bieten – Gebäudereinigungsbetriebe – Abfalltrennung
    Flugbegleiter/in: Fluggäste – prüfen – Kabineneinrichtung – begrüßen – Sitzplätze – servieren – betreuen – Auskünfte – Notfällen
    Logopäde/in: Behandlung (Therapie) – Redeflusses – Therapie (Behandlung) –Therapieplan – erstellt – entwickeln – Sprach- und Hörgeschädigte
    Krankenpfleger / Krankenschwester: pflegen – ärztliche – Kranken – seelischen – Untersuchungen – operativen – Visiten – Station – Medikamente

23. *selbstständig:* Architekt/in, Kosmetiker/in, Schreiner/in, Grafiker/in, Steuerberater/in, Krankengymnast/in
angestellt: Bankkauffrau/-kaufmann, Verkäufer/in, Chemietechniker/in, Bibliotheksassistent/in, Bewährungshelfer/in, Schriftsetzer/in

24. 1. ja ◆ 2. nein ◆ 3. nein ◆ 4. nein ◆ 5. nein ◆ 6. ja ◆ 7. ja ◆ 8. nein

25. *Gibt es:* Matratzenreiniger/in, Poesietherapeut/in, Telearbeiter/in, Trendscouter/in, Multimediadidaktiker/in, Zupfinstrumentemacher/in
Gibt es nicht: Psychodesigner/in, Pflanzentherapeut/in, Geldscheinvernichter/in, Unterwäscherestaurator/in, Vogelkäfigarchitekt/in

27. Stellenangebote findet man: bei den örtlichen Arbeitsämtern, in Fachzeitschriften, im Internet, bei privaten Stellenvermittlern, bei Fachvermittlungsdiensten für besonders qualifizierte Fach- und Führungskräfte, in regionalen und überregionalen Tageszeitungen, beim Datex-J-Netz der Telekom AG / Die meisten Anzeigen erscheinen mittwochs und samstags in den Tageszeitungen.

28. Informationen findet man: in Firmenbroschüren, beim Arbeitsamt, in Geschäftsberichten, bei der IHK (Industrie- und Handelskammer), bei Insidern (Firmenangehörigen), im Handbuch der Großunternehmen

29. Informationen findet man in: FAZ, Capital, Der Spiegel, Wirtschaftswoche, Handelsblatt, Die Zeit

30. Fabrikgelände, Führungsstil, Essensmarke, Mehrwertsteuer, Staatsbank, Gehaltserhöhung, Kommissionssitzung, Diskussionsergebnis, Verpackungsmaterial, Stückpreis, Zahlungsbedingung, Öffentlichkeitsarbeit, Geschwindigkeitsbegrenzung, Gelegenheitsjob, Wirtschaftswachstum, Notausgang, Arbeitsplatz, Steuererhöhung

31. Überzeugungskraft, Kommunikationsfähigkeit, Leistungsbereitschaft, Verantwortungsbewusstsein, Durchsetzungsvermögen, Organisationstalent, Vehandlungsgeschick, Begeisterungsfähigkeit, Leistungsbereitschaft, Führungsqualitäten (auch andere Lösungen möglich)

32. selbstbewusst, teamfähig, fortschrittlich, kommunikationsfähig, verantwortungsbewusst, begeisterungsfähig, freundlich, verlässlich, gründlich, pflichtbewusst, durchsetzungsfähig, anpassungsfähig

33. passiv, extrovertiert, unordentlich, unbeliebt, unorganisiert, unfreundlich, ruhig / gelassen, intolerant, inkompetent

34. *positiv:* gewandt, kultiviert, höflich, zielbewusst, aufgeschlossen, selbstständig, diplomatisch, schlagfertig, motiviert, hilfsbereit, fleißig
negativ: verkrampft, arrogant, langsam, hilflos, gleichgültig, ausschweifend, umständlich, unsicher, sprunghaft, einsilbig, nachlässig, taktlos, launisch

35. ***Anzeige 1:*** *Angebote und Leistungen des Unternehmens:* Spaß und Arbeit, Team netter Individualisten ◆ *Gewünschte Eigenschaften und Qualifikationen:* ambitioniert schreiben, headline-stark
Anzeige 2: Angebote und Leistungen des Unternehmens: keine ◆ Gewünschte Eigenschaften und Qualifikationen: Bereitschaft zu selbstständiger Arbeit, Kooperation und Teamarbeit
Anzeige 3: *Angebote und Leistungen des Unternehmens:* modernes Arbeitsumfeld, gleitende Arbeitszeit, hauseigener Tarif, attraktive Sozialleistungen ◆ *Gewünschte Eigenschaften und Qualifikationen:* Ausbildung zur Anwaltsgehilfin oder vergleichbare Kenntnisse, sicher in Wort und Schrift, Winword-Kenntnisse, Englisch-Grundkenntnisse
Anzeige 4: *Angebote und Leistungen des Unternehmens:* gutes Arbeitsklima, angemessene Bezahlung, Sozialleistungen ◆ *Gewünschte Eigenschaften und Qualifikationen:* organisatorisches Geschick, kaufmännischer Verstand, flexibel, belastbar, schnell, fit in Winword und Excel, Lust am Umgang mit Büchern
Anzeige 5: *Angebote und Leistungen des Unternehmens:* interessante Tätigkeit mit sehr gutem Verdienst, neutrales Firmenfahrzeug, Verkaufsunterstützung durch qualifizierten Innendienst ◆ *Gewünschte Eigenschaften und Qualifikationen:* Erfahrung im Außendienst, Freude am Umgang mit Menschen, Mobilität und Belastbarkeit, Höchstalter 40 Jahre
Anzeige 6: *Angebote und Leistungen des Unternehmens:* herausfordernde gestaltungsfähige Aufgaben, zukunftorientiertes Unternehmen, interessante Konditionen ◆ *Gewünschte Eigenschaften und Qualifikationen:* qualifizierte kaufmännische Ausbildung, Durchsetzungsvermögen, organisatorisches Geschick, Belastbarkeit, Eigeninitiative, Verkaufs- und Außendiensterfahrung, 28–35 Jahre

36. Absender: 4. ◆ Vollständige Anschrift der Firma / Institution: 5. ◆ Datum: 7. ◆ Betreff: 13. ◆ Bezug: 10. ◆ Anrede: 2. ◆ Einleitung: 8. ◆ Persönliche Angaben: 9., 3., 1. ◆ Schlussformel: 12. ◆ Grußformel: 6. ◆ Anlagen: 11.

38. Run**d**schau ◆ g**ee**hrte ◆ **I**hre ◆ dien**en** ◆ d**en** klassische**n** ◆ **ei**n**mal** ◆ W**ö**rter ◆ Ta**g**eszeitung ◆ Berufskenntni**ss**e ◆ Fer**n**sehen ◆ We**nn** ◆ Ihr**er**seits ◆ **f**reundlichen ◆ Gr**üß**en

39. *wichtig:* Geburtsdatum / Geburtsort, Schulausbildung, Hochschulausbildung, berufliche Ausbildung, Fortbildungsseminare, Fremdsprachenkenntnisse, Aufgaben und Tätigkeiten des Berufes, Schulabschlüsse
unwichtig: Angaben zur Lebensweise, ausführliche Beschreibung der Geschwister, Lieblingsfarbe, Sternzeichen, Details über Besitzverhältnisse, Kinderkrankheiten, Urlaubsziele, Schulausbildung der Kinder, Kinderwunsch, Verdauungsprobleme

eventuell: Angaben zu Eltern, Konfession, Raucher / Nichtraucher, Kindergartenplatz, Hobbys, Vereinstätigkeit, Führerschein, Parteizugehörigkeit, Staatsangehörigkeit

42. Ich wurde am ... geboren.
    ... besuchte ich die Grundschule ...
    ... wechselte ich auf das Gymnasium.
    ... schloss ich mit dem Abitur ab.
    ... ging ich nach ...
    ... machte ich eine Lehre als ...
    Dann ging ich nach ...
    ... studierte ich ... usw.

43. *Lebenslauf*
    Ich wurde am 24. März 19.. in Bad Orb, Kreis Main-Kinzig, geboren. Mein Vater, August Walz, ist Gebäudereiniger, meine Mutter, Agathe Walz geb. Lang, ist Bürokauffrau. Im Sommer 19.. kam ich in die Grundschule, die ich bis 19.. besuchte. Danach wechselte ich auf die Realschule in Gelnhausen. Zurzeit bin ich in der 9. Klasse der Realschule, die ich im Sommer 19.. mit dem Zeugnis der mittleren Reife verlassen werde. Meine Lieblingsfächer in der Schule sind Deutsch und Mathematik. In diesem Schuljahr absolviere ich freiwillig einen Computerkurs, um damit Kenntnisse für den angestrebten Beruf zu erwerben. In meiner Freizeit treibe ich aktiv Sport, arbeite gerne kunsthandwerklich und lese viel. Ich habe mich während der letzten Wochen ausführlich über die Arbeit einer Bankkauffrau informiert und denke, dass mir die Tätigkeit in diesem Berufsbereich gefällt.

44. Wie hoch ist der Marktanteil des Unternehmens? ◆ Wo gibt es Niederlassungen des Unternehmens? ◆ Wie viele Mitarbeiter hat das Unternehmen? ◆ Wie hoch ist der Umsatz des Unternehmens? ◆ Welche Rechtsform hat das Unternehmen? Was für eine Rechtsform hat das Unternehmen? ◆ Welche Firmenphilosophie und Unternehmenskultur wird vertreten? ◆ Welche Produktpalette bietet / hat das Unternehmen? Was für eine Produktpalette bietet / hat das Unternehmen?

45. 1. Warum ◆ 2. Wie viele ◆ 3. Mit welchen ◆ 4. Wie lange ◆ 5. Wann ◆ 6. Wie ◆ 7. Wie ◆ 8. Welche ◆ 9. Wann ◆ 10. Welche

46. *nicht erlaubt:* Betriebsratszugehörigkeit, Religion, Schwangerschaft, politischer Standpunkt, private Vermögensverhältnisse, Familienplanung, gewerkschaftliches Engagement
    nur bedingt erlaubt: Vorliegen einer Schwerbehinderung, chronische Krankheit, frühere Arbeitsplatzvergütung

47. *Begrüßung / Vorstellung:* 7., 11., 16. ◆ *Berwerber:* persönliche Situation: 5., 10. ◆ Aus- und Weiterbildung: 12., 14., 18. ◆ beruflicher Werdegang: 3., 6., 8., 17., 20. ◆ *Unternehmen:* Informationen zur Position: 2., 13. ◆ Informationen zum Unternehmen: 9., 15. ◆ Vertragliche Fragen: 1., 4. ◆ *Abrundung des Gesprächs:* 19.

48. *Beispiel für ein negatives Antwortschreiben:*
Sehr geehrte/r Frau / Herr ...,
Wir danken Ihnen für Ihre Bewerbung vom ... und für das Interesse
an einer Position in unserem Hause. Leider müssen wir Ihnen mitteilen, dass wir uns für einen anderen Mitbewerber, der aufgrund
seines Werde- und Berufsgangs genau unserer Stellenanforderung
entspricht, entschieden haben. Die uns überlassenen Bewerbungsunterlagen schicken wir Ihnen mit bestem Dank für Ihr Interesse
zurück. Wir wünschen Ihnen für Ihre berufliche Zukunft alles Gute
und viel Erfolg.
Mit freundlichen Grüßen

Beispiel für ein positives Antwortschreiben:
... vielen Dank für Ihre Bewerbung und das damit unserem Hause
entgegengebrachte Interesse. Wir bitten Sie, zu einem Vorstellungsgespräch am ... um ... zu uns zu kommen. Bitte bestätigen Sie uns
den Termin telefonisch. ...

49. *positiv:* 2., 3., 6., 9. ◆ *negativ:* 1., 4., 5., 7., 8.,10.

2.
Unternehmen und Produkte

1. Hoechst = ein Verbund innovativer Unternehmen, ... ◆ Toshiba =
weltweiter Marktführer für mobile PCs ◆ Degussa = einer der weltweit größten Hersteller von Aminosäuren ◆ Gardena = ein Spezia-
list in Sachen Bewässerungstechnik ◆ Daimler-Crysler = ein Automobilhersteller ◆ Lufthansa = eine internationale Fluggesellschaft ◆
Wrigley's = der weltweit größte Hersteller von Kaugummis

2. *Industrie:* Thyssen, BASF, Preusen Elektra ◆ *Handel:* Aldi, Quelle,
Libri, Vobis, Kaufhof ◆ *Dienstleistung:* Dresdner Bank, Schwäbisch
Hall, British Airways, Hamburg-Mannheimer, Deutsche Bahn AG

3. Universitätsklinikum – Pränataldiagnostiker/in ◆ Psychologisches
Institut – Dipl.-Psychologe ◆ Neue Zeitung – Anzeigenleiter/in ◆
Frankfurter Bank – Abteilungsdirektor/in – Geschäftsbereich
Leasing ◆ Logo Sprachschulen GmbH – Kursleiter/in ◆ Digitalis
Verlag – Redaktion Deutsch ◆ Chemotec AG – Dipl.-Chemiker/in

4. a. Bayer: 1., 3., 9. ◆ b. Redland Braas: 4., 6., 8. ◆ c. P&G: 2., 5., 7.

5. *positiv:* deutliche Zuwächse erzielten ... ◆ ... führende Produkte,
die ihre Marktstellung ausbauen können ◆ ... werden Umsatzzuwächse erwartet ... ◆ Gute Zuwachsraten erzielten ... ◆ Den Absatz
konnten wir steigern ...
negativ: Der Umsatz war rückläufig ◆ ... ging der Absatz um ...
zurück ◆ hat an Boden verloren ◆ ist mit einem Marktrückgang zu
rechnen

6. *Schönheitspflegeprodukte:* Old Spice, Clearasil, Oil of Olaz, Camay ◆ Getränke: Punika, Valensina ◆ *Gesundheitspflegeprodukte:* Wick, Fondril, Kukident, Blendax Anti Belag ◆ *Wasch- und Reinigungsmittel:* Ariel, Dash, rei, Sanso, Lenor, Fairy ◆ *Papierprodukte:* Bess, Always, Luvs, Tempo

7. Wichtige Faktoren für die Standortauswahl eines Unternehmens: Grundsteuer, regionale Arbeitsmarktlage, ansässige Industrie, Autobahnanbindung, Ressourcen und Lieferanten, günstige Zugverbindungen, Flughafennähe, Kommunikationsnetz, Energiekosten

8. z. B. Flughafennähe, Autobahnanbindung, regionale Arbeitsmarktlage, …

9. PC = g ◆ OHG = k ◆ CAD = e ◆ AOK = i ◆ HUK = h ◆ ISDN = c ◆ DAK = b ◆ GmbH = d ◆ LVM = f ◆ KG = a ◆ DTP = j

10. *Rechtsform:* OHG, GmbH, KG ◆ *Versicherung:* AOK, HUK, DAK, LVM ◆ *Computertechnik:* PC, CAD, ISDN, DTP

11. *Holdinggesellschaft:* Verlagsgruppe Paul Muster GmbH ◆ *Buchverlage:* Astor Verlag, R. Müller Verlag, Kult-Verlag, Brown-Libri-Company ◆ *Wirtschaftspublizistik:* Wirtschaft und Forschung, Economic ◆ *Tagespresse:* Der Kurier, Main-Rundschau, Aktuelle Presse ◆ *Fernsehen:* EuroProduction, TV-Company

12. a. Verlagsgruppe Paul Muster GmbH ◆ b. Buchverlage, Wirtschaftspublizistik, Tagespresse, Fernsehen, Hörfunk, Multimedia ◆ c. Buchverlag ◆ d. Dortmund, Frankfurt a. M., Berlin, Offenbach, Musterstadt

13. *Marketing:* Broschüren werden erstellt. Werbeaktionen werden geplant. Marktforschung wird betrieben. ◆ *Personalabteilung:* Stellenanzeigen werden verfasst. Vorstellungsgespräche werden geführt. Personal wird eingestellt. ◆ *Sekretariat:* Briefe werden getippt. Geschäftspartner werden betreut. Kaffee wird gekocht. ◆ *Buchhaltung:* Abrechnungen werden kontrolliert. Rechnungen werden bearbeitet. ◆ *Poststelle:* Post wird gestempelt. Briefe werden frankiert. ◆ *Produktion:* Produkte werden entworfen. Qualität wird kontrolliert. ◆ *Auslieferung:* Bestand wird kontrolliert. Sendungen werden verpackt.

14. Beispiele (andere Lösungen sind möglich): *Entwicklung:* Man kümmert sich um Inhalte. Man achtet auf Fehler. Man bereitet sich auf Versuche vor. ◆ *Produktion:* Man beschwert sich über Lieferanten. Man ärgert sich über Mängel. Man staunt über die Produktionsleistung. ◆ *Marketing:* Man spricht mit den Kunden. Man beschäftigt sich mit der Konkurrenz. Man beginnt mit der Werbekampagne. ◆ *Personalabteilung:* Man sorgt sich um das Arbeits-

klima. Man kümmert sich um den Arbeitsplatz. Man bemüht sich um die Kollegen. Buchhaltung: Man hält sich an Fakten. Man orientiert sich an Vorgaben. Man gewöhnt sich an den Computer.

15. *japanisches Team:* teamorientiert, effektiv, flexibel, schnell
    deutsches Team: langsam, ineffektiv, hierachiebezogen

16. *Pro / japan. Firma (Lean Management):* jeder trägt Verantwortung, schnelleres Anpassungsvermögen an den Markt, da Wege kürzer (flache Hierachien), ... ◆ *Contra / dt. Firma:* Überlastung der oberen Führungsebene, Gefahr von Fehlentscheidungen, lange Dienstwege für Anordnungen und Meldungen, zeitintensiv, ...

17. a. 1. einen Mitarbeiter einstellen ◆ 2. einen Vertrag unterschreiben ◆ 3. eine Sitzung vorbereiten ◆ 4. einen Betrag überweisen ◆ 5. ein Formular ausfüllen ◆ 6. eine Bestellung aufnehmen ◆ 7. Arbeitsplätze abbauen ◆ 8. den Besuch anmelden ◆ 9. den Kunden anrufen ◆ 10. den Plan ausführen ◆ 11. den Termin einhalten ◆ 12. die Konkurrenz unterbieten ◆ 13. eine Nachricht hinterlassen (andere Lösungen möglich)
    b. nicht trennbar: unterschreiben, überweisen, hinterlassen, unterbieten

18. geschäftlich / beruflich / persönlich kennen ◆ freundlich / herzlich grüßen ◆ schriftlich fixieren ◆ herzlich / freundlich / schriftlich / persönlich antworten ◆ wirtschaftlich / persönlich / beruflich entwickeln ◆ beruflich / persönlich anvertrauen ◆ beruflich / geschäftlich verreisen ◆ preislich unterbieten ◆ menschlich / freundlich / herzlich reagieren ◆ sich ordentlich kleiden ◆ gründlich / beruflich / geschäftlich / schriftlich / persönlich informieren

19. 1. gegen / um ◆ 2. über ◆ 3. mit ◆ 4. für ◆ 5. um / gegen ◆ 6. zum ◆ 7. nach ◆ 8. während ◆ 9. im ◆ 10. auf ◆ 11. zur ◆ 12. beim ◆ 13. am

20. 1. will / möchte ◆ 2. möchte ◆ 3. Kann ◆ 4. Möchten ◆ 5. müssen / wollen ◆ 6. Darf ◆ 7. muss / soll ◆ 8. kann ◆ 9. müssen / sollen ◆ 10. wollen / möchten ◆ 11. Können ◆ 12. möchten / wollen ◆ 13. kann / darf ◆ 14. möchte ◆ 15. kann ◆ 16. soll ◆ 17. müssen ◆ 18. soll / muss ◆ 19. dürfen ◆ 20. will

21. 1. a. ◆ 2. b. ◆ 3. b. ◆ 4. a. ◆ 5. a. ◆ 6. b.

22. Der Termin hätte bestätigt werden müssen. ◆ Das Päckchen hätte abgeholt werden müssen. ◆ Die Unterlagen hätten kopiert werden müssen. ◆ Die Rechnung hätte bezahlt werden müssen. ◆ Das Einladungsschreiben hätte rechtzeitig verschickt werden müssen. ◆ Die neuen Visitenkarten hätten bestellt werden müssen. ◆ Herr Müller hätte verständigt werden müssen. ◆ Der Tagungsraum hätte reserviert werden müssen. ◆ Die Bestellung hätte storniert werden müssen.

23. 1. arbeiten ◆ 2. bewerben ◆ 3. machen ◆ 4. führen ◆ 5. verdienen ◆ 6. spezialisieren ◆ 7. beobachten ◆ 8. beschaffen ◆ 9. entwickeln ◆ 10. prüfen

24. *Initiative:* bitten, fragen, vorschlagen, einladen, beantragen ◆ *Reaktion:* bestätigen, antworten, bezweifeln, zustimmen, zugeben, entgegnen, absagen, widerlegen, erwidern ◆ *beides:* sagen, äußern, berichten, bemerken, vermuten

25. Haftnotizblock, Taschenkalender, Bleistiftspitzer, Kugelschreiber, Klemmbrett, Ablagekasten, Briefmarke, Bürolocher, Bürohefter, Taschenrechner, Korrespondenzordner, Zettelblock

26. Oberbegriffe: Auto(hersteller) ◆ Waschmittel ◆ Shampoos ◆ Fruchtsäfte ◆ Windeln ◆ Schokolade ◆ Zahnpasta ◆ Schmerzmittel ◆ Sportartikelhersteller ◆ Bier(sorten)

27. 1. e. ◆ 2. a. ◆ 3. b. ◆ 4. f. ◆ 5. c.

28. *Twiligth Shirts:* reiner, federleicht, individueller, angenehm, alltäglichen, kurzen ◆ *Tropic Jacke:* attraktive, optimale, eingerollte ◆ *Bike'n Hike:* zwei, einfache, langjährige, gewählten, kleinen ◆ *Hard Rock:* echter, schlank, flach, schnell, lästiges, flachen

29. erfolgreich ◆ biologisch ◆ richtig ◆ anschaulichen ◆ praktischen ◆ farbigen ◆ biologischen ◆ synthetischen ◆ chemische ◆ nützlichen ◆ hilfreichen ◆ vierteljährlich ◆ wertvollen

30. 1. Das Angebot, das Sie erstellt haben, hat uns nicht überzeugt. ◆ 2. Die Ware, die Sie geliefert haben, ist leider beschädigt. ◆ 3. Die Nachfrage, die immmer stärker wird, führt zu einer Umsatzsteigerung. ◆ 4. Das Produkt, das wir auf der Messe vorgestellt haben, fand großen Anklang. ◆ 5. Das Muster, das Sie gewünscht haben, legen wir zur Ansicht bei. ◆ 6. Die Kundenumfrage, die wir vor vier Wochen gemacht haben, hat zu interessanten Ergebnissen geführt. ◆ 7. Die Werbeaktion, die die Firma Allesgut geplant hat, wird nicht durchgeführt.

31. ein günstiger / ungünstiger Standort ◆ eine kleine / große Firma ◆ ein kompetenter / inkompetenter Chef ◆ ein hohes / niedriges Gehalt ◆ ein preiswertes / teures Produkt ◆ eine interessante / uninteressante Arbeit ◆ ein gefallener / gestiegener Umsatz ◆ ein kurzer / langer Anfahrtsweg ◆ ein schnelles / langsames Wachstum ◆ ein überforderter / unterforderter Mitarbeiter

33. an – an – in – an / in – in – auf – ins – ins – auf – auf – im / unter – in – unters

34. 1. c. ◆ 2. d. ◆ 3. e. ◆ 4. f. ◆ 5. b. ◆ 6. a.

36. *Autos:* leistungsstark, sparsam, bequem, zuverlässig, umweltschonend, sicher, abenteuerlich, sportlich ◆ *Essen und Trinken:* verführerisch, köstlich, gesund, natürlich, herzhaft, lecker, preiswert, delikat ◆ *Kleidung:* bequem, natürlich, sportlich, elegant, strapazierfähig, modern, funktionell, verführerisch, frisch ◆ *Körperpflege:* verführerisch, ergiebig, natürlich, preiswert, umweltschonend, hautverträglich (andere Lösungen sind möglich)

37. 1. seiner ◆ 2. ihrer ◆ 3. sicherem ◆ 4. kostenloses ◆ 5. einem ◆ 6. neues ◆ 7. aller ◆ 8. Schnelles ◆ günstiges ◆ 9. versenkbarem ◆ 10. neuer

38. 3, 5, 6, 7, 11, 14, 16, 19 ◆ bedingt: 10, 15, 20

40. *Produkt:* frisch, preiswert, farbecht, teuer, pflegeleicht, benutzerfreundlich, kalorienarm ◆ *Chef:* seriös, freundlich, cholerisch, diplomatisch, kommunikativ, autoritär, intelligent, teambewusst ◆ *Firma:* solvent, seriös, innovativ, international, marktführend, bankrott, ökologisch orientiert

41. *positiv:* Teamarbeit, Kontakte, Identifikation, Visionen, Flexibilität, Fachkompetenz, Informationsfluss, Transparenz, Zielorientierung, Kooperation, Kreativität, Motivation, Verantwortungsgefühl *negativ:* Passivität, Kostenexplosion, Egoismus, Hierachie, Konkurrenz, Qualitätsverlust, Gleichgültigkeit (Kontrolle kann beiden zugeordnet werden)

42. a. Die Firma ist bankrott, 1. obwohl die Mitarbeiter schwer gearbeitet haben. ◆ 2. obwohl die Geschäfte bis vor kurzem noch gut liefen. ◆ 3. weil die Lieferanten nicht pünktlich lieferten. ◆ 4. weil die Konkurrenz bessere Produkte hat. ◆ 5. obwohl sie (die Firma) einen guten Ruf hatte. ◆ 6. weil die Nachfrage rapide sank. ◆ 7. obwohl die Werbekampagne gut ankam. ◆ 8. weil die Firmenleitung sich hoch verschuldet hatte.
    b. Der Mitarbeiter wurde eingestellt, 1. weil er gute Beziehungen hat. ◆ 2. obwohl er nicht mehr der Jüngste ist. ◆ 3. weil er viel Berufserfahrung hat. ◆ 4. obwohl er nicht studiert hat. ◆ 5. weil er flexibel einsetzbar ist. ◆ 6. obwohl er kein gutes Zeugnis hat.
    c. Das Produkt verkauft sich gut, 1. obwohl es sehr teuer ist. ◆ 2. weil es von guter Qualität ist. ◆ 3. obwohl es nicht dem Modetrend entspricht. ◆ 4. weil es praktisch ist. ◆ 5. weil es umweltverträglich ist. ◆ 6. obwohl die Konkurrenz vergleichbare Produkte bietet.

43. richtig, Berichtigung – hoch, Erhöhung – weit, Erweiterung – lang, Verlängerung – sicher, Versicherung – kurz, Verkürzung – teuer, Verteuerung – scharf, Verschärfung – schlecht, Verschlechterung

44. 1. betreut ◆ 2. Gehaltserhöhung ◆ 3. erweitert ◆ 4. verlängert ◆ 5. Versicherung ◆ 6. verkürzt ◆ 7. erhöht ◆ 8. Verschlechterung

45. *seit:* Seit der Präsentation ... – Seit der Werbekampagne ... – Seit
    dem Kursverfall ... – Seit dem Vertragsabschluss ... ◆ *von:* Von dem
    Kassierer ... – Von der Sachbearbeiterin ... – Von den Experten ... –
    Von der Krankenschwester ... – Von der Fotoagentur ... ◆ *während:*
    Während des interessanten Seminars ... – Während der täglichen
    Mittagspause ... – Während des wichtigen Telefongesprächs ... –
    Während des langen Flugs ... – Während der regelmäßigen Sprech-
    zeiten ... ◆ *wegen:* Wegen der sinkenden Auftragslage ... – Wegen
    der günstigen Konditionen ... – Wegen der großen Nachfrage ... –
    Wegen der beschädigten Lieferung ...

46. Zustimmung: 2., 8., 9. ◆ Zweifel: 3., 7., 10., 12. ◆ Ablehnung:1., 4.,
    5., 6., 11.

47. Frankfurt: Buchmesse, Internationale Automobilausstellung ◆ Han-
    nover: CeBIT ◆ München: Handwerksmesse ◆ Düsseldorf: Interna-
    tionale Bootsausstellung ◆ Köln: ANUGA ◆ Berlin: Funkausstellung
    ◆ Offenbach: Internationale Lederwarenmesse

48. 1. Int. Automobilausstellung: Autohändler, Kraftfahrzeugelektro-
    niker, Konstruktionsmechaniker ◆ 2. Buchmesse: Grafiker, Autor,
    Buchhändler, Lektor ◆ 3. CeBIT: Kommunikationselektroniker,
    Programmierer, Dipl.-Informatiker ◆ 4. Int. Bootsausstellung: Segel-
    macher, Schiffsmechaniker, Bootsbauer (Konstruktionsmechaniker)
    ◆ 5. Interschul / Bildungsmesse: Grafiker, Schulbuchredakteur,
    Buchhändler, Lehrer ◆ 6. Handwerksmesse: Metallbauer, Zimmerer,
    Fliesenleger, Tischler

49. 1. vorstellen ◆ 2. abschließen ◆ 3. betreiben ◆ 4. werben ◆
    5. informieren ◆ 6. beobachten ◆ 7. knüpfen und pflegen ◆
    8. suchen ◆ 9. bekommen ◆ 10. erhalten

50. 1 a. ◆ 2 b. ◆ 3 b. ◆ 4 a. ◆ 5 c. ◆ 6 b. ◆ 7 a., e., f., i., k., l.

3.
Verkauf und Logistik

1. Anfrage: 4., 6., 7. ◆ Angebot: 2., 5., 12. ◆ Auftrag: 1., 3. ◆
   Auftragsbestätigung: 8., 10., 13. ◆ Rechnung: 9., 11.

2. *Partizip I + II:* 1. nachfolgender Bedingungen, abweichende
   Regelungen ◆ 2. die ... genannten Preise, die zugrunde gelegten
   Auftragsdaten ◆ 3. des ... verursachten Maschinenstillstands ◆
   4. angemessene Vorauszahlung ◆ 5. eingetretenen oder bekannt
   gewordenen Verschlechterung ◆ 8. die gelieferte Ware ◆ 9. aufgegebene Änderung ◆ 10. die berechtigten Beanstandungen ◆ 11. der
   gelieferten Ware ◆ 12. wiederkehrende Arbeiten

Nominalisierungen mit Präpositionen: 3. auf Veranlassung ◆
4. bei Vorleistungen ◆ 5. nach Vertragsschluss ◆ 6. bei Zahlungsverzug ◆ 7. auf Rechnung und (auf) Gefahr ◆ 8. zur Bezahlung ◆
10. bei Beanstandungen, unter Ausschluss, zur Nachbesserung und
(zur) Ersatzlieferung ◆ 11. zur Beanstandung

3. 1. e. ◆ 2. d. ◆ 3. a. ◆ 4. b. ◆ 5. f. ◆ 6. c.

4. 1. + 4. ◆ 2. + 11. ◆ 3. + 8. ◆ 5. + 9. ◆ 6. + 10. ◆ 7. + 12.

5. transportiert – Anbieter – befördern – Kunden – profitieren –
Konditionen – Netz – Beförderung – Image – attestieren

6. 1. mehr Kapitalbindung, mehr Kosten, wenig Erfolgsaussichten
für Hightech-Produkte ◆ 2. reibungsloses Ineinanderübergreifen des
Transportes: Luft – Boden, lückenlose Information vor, während
und nach dem Transport ◆ 3. innerhalb der elektronischen Datenverarbeitung, noch zu viele unterschiedliche Systeme ◆ 4. Outsour-
cing: Herstellung von Bauteilen oder Produkten in Ländern mit
geringen Produktionskosten; Just-in-Time: Lieferung exakt zu dem
Zeitpunkt, zu dem sie benötigt wird

4.
Finanzen

1. 1. a. ◆ 2. c. ◆ 3. c. ◆ 4. c. ◆ 5. b.

2. *Charge Cards:* Abrechnungsart: monatlich; Vorteil: zinsloser Kredit
für Zeit zwischen Zahlung und Abrechnung ◆ *Credit Cards:* Abrechnungsart: monatlich; Vorteil: Ratenzahlung möglich, Guthaben
wird verzinst; Nachteil: bei Ratenzahlung ist der Zinssatz für den
Kredit sehr hoch, bei Minusbeträgen werden Sollzinsen berechnet,
bei Guthaben keine günstigen Zinssätze ◆ *Debit Cards:* Abrechnungsart: sofort oder mit wenig Verzögerung; Vorteil: direkt an Konto angebunden, Habenzinsen

3. *Vorteile:* bequemes bargeldloses Einkaufen, weltweite Akzeptanz,
Firmenkartenservice für Dienstreisen ◆ *Nachteile:* Gefahr der
Fehlbuchung, Gebührenstruktur oft nicht eindeutig, teurer als ec-
Karten, teure Barauszahlung im In- und Ausland

4. 1. bargeldloses Zahlungsmittel ◆ 2. allgemeine Geschäftsbedingungen; 3. effektiver Jahreszins; 4. finanzielle Belastbarkeit; 5. halbbarer
Zahlungsverkehr; 6. amtlicher Kurs; 7. persönliche Geheimnummer;
8. internationaler Zahlungsverkehr

5. a. 1. Bankgeheimnis ◆ 2. Bankkonto ◆ 3. Bankkaufmann ◆
        4. Bankguthaben ◆ 5. Bankräuber ◆ 6. Bankvollmacht ◆
        7. Banknote
    b. z.B. Bankzentrale, Bankfiliale, Bankhochhaus …

6. 1. f. ◆ 2. d. ◆ 3. b. ◆ 4. c. ◆ 5. e. ◆ 6. a. ◆ 7. g.

7. 1. einen Geldbetrag gutschreiben ◆ 2. einen Auftrag erteilen ◆
    3. einen Scheck ausstellen ◆ 4. ein Konto eröffnen ◆ 5. ein Geschäft
    abwickeln ◆ 6. einen Kredit gewähren ◆ 7. Gebühren erheben ◆
    8. Zinsen festschreiben ◆ 9. eine Hypothek aufnehmen ◆ 10. ein
    Vermögen anlegen

8. 1. Reiseschecks, Postsparbuch ◆ 2. Bargeld ◆ 3. Bargeld, Kredit-
    karte, ec-Karte ◆ 4. Kreditkarte; ec-Karte ◆ 5. Reiseschecks,
    ec-Karte, Kreditkarte, Postsparbuch ◆ 6. Kreditkarte, ec-Karte,
    Bargeld

9. 1. geschrieben ◆ 2. ausgestellt, überreicht ◆ 3. gemacht ◆
    4. beglichen, zurückgezahlt ◆ 5. verursacht, veranschlagt, gedeckt ◆
    6. gezahlt, überwiesen, in Rechnung gestellt ◆ 7. ausgezahlt, ein-
    gezahlt, ausgegeben

10. 1. auszahlen ◆ 2. Verlust ◆ 3. schließen ◆ 4. Sollzinsen ◆ 5. Angebot
    ◆ 6. Guthaben ◆ 7. Millionär ◆ 8. Kunde ◆ 9. einnehmen ◆ 10. gratis
    ◆ Lösungswort: Auszahlung

11. 1. Postsparbuch, ec-Karte, Reisescheck ◆ 2. Überweisung ◆
    3. Dauerauftrag ◆ 4. Kreditkarte

12. Franchisesystems, Franchisegeber, Franchisenehmer, Franchise-
    unternehmen, Franchisegebern

13. 1. das nötige Kapital aufbringen ◆ 2. ein Darlehen beantragen ◆
    3. einen Kredit aufnehmen ◆ 4. Sicherheiten vorweisen ◆
    5. das Geschäftskonzept übernehmen

14. dem Nehmer ◆ den Standort des Betriebes ◆ den Status des
    Nehmers ◆ Inhalt ◆ die Pflichten des Nehmers ◆ Einrichtungs- ◆
    die Rechte des Gebers ◆ Standards ◆ die Vertragsdauer

15. Darlehenshöhe ◆ Darlehensgeber ◆ Darlehensnehmer ◆ Darlehens-
    zweck ◆ Zinsen ◆ Gerichtsstand und Erfüllungsort ◆ Kündigung ◆
    Sicherheiten ◆ Angaben zur Auszahlung und Laufzeit

16. Kreditantrag: 1., 3., 6., 10., 13., 14. ◆ Manuskriptangebot: 5., 9., 12.
    ◆ Abonnement / Kündigung: 4., 8., 11. ◆ Zahlungserinnerung: 2., 7.

17. 1. Girokonto ◆ 2. Rechnung ◆ 3. Zahlung ◆ 4. Dividende ◆
5. Export ◆ 6. Kreditkarte ◆ 7. Gewinn ◆ 8. Schriftwechsel ◆
9. Devisen ◆ 10. Reklamation ◆ 11. Rabatt ◆ 12. Kontostand ◆
13. Lastschrift ◆ 14. Wechsel ◆ 15. Überweisung ◆ 16. Beleg ◆
17. Bruttolohn ◆ 18. Eilbote ◆ **Sprichwort:** Geld regiert die Welt

18. b.   1. schwimmt er im Geld / hat er Geld wie Heu / stinkt er nach
Geld ◆ 2. das große Geld gemacht ◆ 3. das Geld aus der Tasche
◆ 4. Geld wie Heu haben / im Geld schwimmen ◆ 5. das Geld
… unter die Leute. ◆ 6. wirft … Fenster hinaus.

19. *Vorteile:* Bankgeschäfte von zu Hause aus, keine Wartezeiten in
der Bank; teilweise Service rund um die Uhr, z. T. kostenfreie Pro-
gramme der Banken, Preisnachlässe bei Kontoführungsgebühren
Nachteile: Gefahr von Fehlbuchungen und Missbrauch, zusätzliche
Kosten (Telefongebühren, Onlinedienste), Service nicht bei allen
Banken, Technik störanfällig

5.
Neue Technologie

1.   1. mit der Maus und der Tastatur ◆ 2. mit der Tastatur ◆ 3. in der
Symbolleiste ◆ 4. die Standard-, Symbol- und Formatierungsleiste ◆
5. mit der Maus auf die Symbolleiste fahren, ohne die Maustaste
zu betätigen ◆ 6. Absatz- und Zeichenformatierung festlegen ◆
7. im Lineal ◆ 8. Statuszeile ◆ 9. (an)klicken ◆ 10. der gewählte Befehl wird in der Statuszeile kurz beschrieben

2.   Surfen b. ◆ E-Mail c. ◆ Chatten a. ◆ User b. ◆ CD-Rom a. ◆
Internet b. ◆ Homepage a. ◆ ISDN a. ◆ Modem c. ◆ DOS b.

3.   Einfügemarke, Hauptspeicher, Festplatte, Zwischenablage,
Dokumentenvorlage, Seitenansicht, Symbolleiste, Laufwerk,
Absatzformatierung, Sonderzeichen

4.   1. überziehen ◆ 2. berechnen ◆ 3. verbieten ◆ 4. umbrechen ◆
5. installieren ◆ 6. starten ◆ 7. bedienen ◆ 8. ausschalten ◆
9. nummerieren ◆ 10. vergrößern

5.   1. f. ◆ 2. e. ◆ 3. b. ◆ 4. g. ◆ 5. j. ◆ 6. h. ◆ 7. a. ◆ 8. i. ◆ 9. c. ◆ 10. d.

6.   1. VfB ◆ 2. Winword ◆ 3. bowlen ◆ 4. Holzleiste ◆ 5. Mikrowelle ◆
6. Fernsehtechniker ◆ 7. Intercity ◆ 8. Buchdrucker ◆
9. MC DONALD's ◆ 10. Produktmanager

7.   ja: 1., 4., 6., 7., 10. ◆ nein: 2., 3., 5., 8., 9.

Abkürzungen

ANUGA	Allgemeine Nahrung und Genussmittelausstellung
AOK	Allgemeine Ortskrankenkasse
CAD	computer aided / assisted disign (computerunterstütztes Konstruieren)
CeBIT	Welt-Centrum der Büro- und Informationstechnik
DAK	Deutsche Angestellten Krankenkasse / Deutsche Akademie der Künste (Berlin)
DOS	Disc Operating System
DTP	Desktop Publishing
EDV	elekronische Datenverarbeitung
GmbH	Gesellschaft mit beschränkter Haftung
HUK	Haftpflicht-, Unfall- und Krankenversicherung
ISDN	Integrated Services Digital Network
KG	Kommanditgesellschaft
LVM	Landwirtschaftliche Versicherungen Münster
OHG	Offene Handelsgesellschaft
PC	Personalcomputer
VfB	Verein für Ballspiele / Bewegungsspiele / Bürowirtschaft

Textquellen

Seite

9 f.   Mini-Umfrage „Freude an der Arbeit?" aus: IWZ Nr. 49 / 1996,
        S. 2

11 f.   nach: Teilzeitarbeit – Was bringt sie Arbeitgebern und Arbeit-
        nehmern?, aus: Gelbe Beilage der Volksbanken / Raiffeisen-
        banken, Ausg. 375, März 1993

14   nach: Brennholzbeschaffer, in: Die Geschäftsidee Nr. 3 / 1997,
        Jahrgang 22, S. 51

17   Focus-Frage: Nabelschau am Arbeitsplatz, aus: Focus,
        August 1979, S. 11

18 f.   Reine Formsache, aus: Der Spiegel Nr. 46 / 1996

22 ff. Florist/in, Verkäufer/in, Koch/Köchin aus: Beruf aktuell,
        Ausgabe 1996 / 97; Gärtner/in, Gebäudereiniger/in, Flugbe-
        gleiter/in, Logopäde/in, Krankenpfleger / Krankenschwester
        aus: Lehrstellenatlas, IHK Düsseldorf

26   Frauen haben die Nase vorn: aus: Focus Nr. 31 vom 28. 7. 1997

27 ff. Masken, aus: Max von der Grün, Fahrt in den Morgen, 1994
        Deutscher Taschenbuch Verlag, München

40   Theo Weinobst, Lebensläufe

49   nach den Geschäftsberichten der Firmen: Bayer 1996 / 97,
        Redland Braas Building Group 1996, Procter & Gamble 1997

55   Das Wettrudern, aus: Branchenkompass, o. A.

63 f.   Twilight Shirt, Bike'n Hike: Jack Wolfskin, Idstein; Tropic Jacke:
        Fjällräven Sportartikel, München; Hard Rock: Vaude Sport,
        Tettnang

76 f.   nach: Interschul Dortmund, aus: Rahmenprogramm 1998

81   nach: Die Post geht ab, aus: Focus Nr. 1 / 1998, S. 133–136

82 f.   Franz Frisch: Welthandel – Just in Time, aus: Lufthansa-Bord-
        buch 5792, S. 66–70, mit freundlicher Genehmigung der
        Deutschen Lufthansa AG

90   nach: Franchising, aus: Focus Nr. 6 / 1997, S. 180–181

99   Sich online treffen, aus: PZ Nr. 88, S. 9–10

Bildquellen

Seite

13   Globus Infografik, Hamburg

16   Bert A. Woodward, München

17   Christiane Gerstung, München

26   Wo sich Gründer selbständig machen,
        aus: Focus Nr. 31 vom 28. 7. 1997

40   Aron Yhat, München

41   Aron Yhat, München

51   Procter & Gamble

59   Aron Yhat, München

60 / 61 Bert A. Woodward, München

62   Globus Infografik, Hamburg

63   Twilight Shirt, Bik'n Hike: Jack Wolfskin, Idstein

64   Hard Rock: Vaude Sport, Tettnang

68   Globus Infografik, Hamburg

75   Erich Schmidt Verlag, Berlin

81   Bert A. Woodward, München

88   Aron Yhat, München

90   Boom-Branche, aus: Focus Nr. 6 / 1997, S. 180–181

Wir haben uns bemüht alle Inhaber von Text- und Bildrechten ausfindig
zu machen. Sollten Rechteinhaber hier nicht aufgeführt sein, so wären
wir für entsprechende Hinweise dankbar.

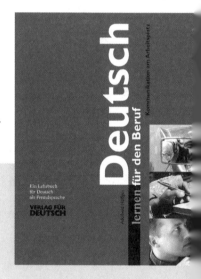

lefonieren im Beruf

beitet vom Goethe-Institut Brüssel

Hallo! – Grüß Gott! – Auf Wiedersehen!

Auf die richtige
Formulierung
kommt es an

Deutsch sprechen und verstehen
m Telefon
Standardsituationen im Berufsalltag
Pronto – Hier spricht Ihre Telekom –
Please hold the line:
Der interkulturelle Vergleich
Ausgewählte Problemfelder:
Missverständnisse, Reklamationen,
Versäumnisse

Buch
112 Seiten – ISBN 3-88532-356-7
2 Audiokassetten
115 Min. Laufzeit – ISBN 3-88532-357-5
2 Audio-CDs
115 Min. Laufzeit – ISBN 3-88532-358-3

sprächstraining
utsch für den Beruf

Kerstin Namuth und Thomas Lüthi

Der Ton
macht die Musik

rainingsprogramm für die berufliche
nd halbberufliche Kommunikation
Wie sagt man's im Büro, auf der
Messe, im Meeting – oder gar nicht?
ressituationen und Peinlichkeiten
prachlich meistern
er Ton macht die Musik – doch was
ört der andere?

Buch
96 Seiten – ISBN 3-88532-359-1

ining
utsch für den Beruf

eonore Dienst, Rotraut Koll
Birgit Rabofski

Sicher
durch die Prüfung

are Einführung in die
forderungen der Prüfung
jedem Fertigkeitsbereich fünf
mplette Testmodelle
t fast 2 Stunden Audiomaterial
en im Kurs oder zu Hause –
sungsschlüssel zur Selbstkontrolle

Training Deutsch für den Beruf
176 Seiten – ISBN 3-88532-914-X
2 Audiokassetten
110 Min. Laufzeit – ISBN 3-88532-915-8

ächst: ◆ **Deutsch für technische Berufe** ◆ **Aktuelle Handelskorrespondenz**